今日から家庭でできる!

子どもが育

ほめる

おざなり・人中心

すごい!えらいね!
さすが〇〇ちゃんだね!

×

「おざなり」「人中心」のほめ方は、具体性に欠け、性格・能力・外見などの表面的なほめ方。一見よさそうですが、子どもがほめられることに依存した行動をとるようになり、それ以外のことに興味を失ったりチャレンジしなくなる可能性があります。

プロセス中心

練習をコツコツ続けて
がんばったね

〇

結果や能力、性格を讃えるのではなく、取り組んでいる過程での努力や挑戦した姿勢、やり方を工夫した点などに言及し、励ましてあげます。子どもは、たとえ成果がともなわない場合も、いろいろなやり方を試して柔軟に挑戦し続けることができます。

もっと具体的に

△△するとき、
一つずつ丁寧にしていたね

〇

「すごい」「いいね」ではなく、もっと具体的にプロセスに言及します。色・形・数などを見たまま表現するのも◎。具体的なフィードバックによって、自分が優れているところ、努力が必要なところがわかり、子どものモチベーションは自然に上がります。

自由回答式の質問

どこがいちばん大変だった?

〇

会話のキャッチボールができるような自由回答式の質問をします。大切なのは、親がどう思ったかという評価を押し付けるのではなく、子ども自身がどう感じたか。うれしいこと・達成したことについて会話し、共有するだけで十分です。

もの発達段階の特徴（0〜17歳）と「子どもからのメッセージ」

幼年期		
2－3歳	3－4歳	4－5歳
自分でもっと歩いたり、走ったり、ジャンプしたりしたい●全部自分でやりたい●大人の真似事が好き●言葉を使って自分の気持ちがもっと表現できる●自我や自立心が拡大●お友達と遊びたいけれど、おもちゃをシェアして使うのにはまだ助けが必要●自己コントロールにはまだ助けが必要	●ボールを蹴ったり、登ったり、自分でできることが増えてくる●自分で問題解決ができるようになってくる●いろんな感情を表現できるようになる●話し言葉が拡大●単語だけから、文章を使って話すことができるようになる●自我や自立心が引き続き拡大（自分中心）●お友達と一緒に遊ぶのが楽しいし、もっと一緒にいたい●順番こが少しずつできるようになってくる	●背もぐっと高くなり、体のコントロールももっと上手にできる●現実とおとぎ話の違いを少しずつ理解し始めるが、まだ完全な区別はできない●より多くの感情を表現し始める●長い文章を使って話したり、話をつくったりできるようになる●言いつけたり、親分風を吹かせたりするようになる●自己は引き続き拡大する一方、他者の気持ちを徐々に理解し始める●順番こや共有ができるようになる●都合が悪いときに嘘をついたりする●お友達と遊ぶのが楽しく、親から離れることにも慣れてくる
“一人でできるように手伝って”		

	青年期	
9－11歳	12－14歳	15－17歳
筋力が引き続き増え、エネルギーに溢れている●物事に白黒はっきりさせたがる●ボディイメージに敏感になってくる●ルールを尊重する一方、権威に対して疑問を抱くようになってくる●情報処理能力が増える●比喩が使える●口語よりも複雑な文章を書くことができる●グループ学習を好む●同調圧力を感じやすい●友情がより複雑化し、同性の友達を好む（セクシャルアイデンティティによる）	●体が大きく変化し始める（声変わり、体毛）●気分がころころ変わりやすい●ボディイメージ、外見をより気にするようになる●他人と自分を比べるようになる●どこかに所属すること、友達に好かれることが大事●親に対して距離を置く●大人が持つ価値観に疑問を持ち反発する●プライバシーを欲する●自立欲求が強いが、大人からの承認も必要●自分の輪を超えて世界に興味が出てくる●同調圧力を強く感じやすい	●体がさらに変化し続ける（声変わり、体毛）●身長が伸びきる（女子）●ボディイメージ、外見、持ち物（例：洋服、靴）を敏感に気にする●いかに友達の輪に馴染めるかが一番の悩み●ロマンチックな関係や性に興味を持つ●親よりも友達との時間を大切にする●俗語を使うことが多い●大人と同じようにコミュニケーションを取れるようになる●将来の展望をもち、コミットできるようになる
ように手伝って”	“あなたと一緒に考えられるように手伝って”	

無理な期待をしないために！

時期		
年齢	0－1歳	1－2歳
発達段階の特徴	●最初はできなかったが、徐々に手や足の動きをコントロールできるようになる●手や口を使って自分の環境を探る●音、動作、表情でコミュニケーションを図る●徐々に言葉がわかってくる●自分の名前を認識し始める	●もっと自由に動けるようになる●触ったり、落としたりして、どうなるか試してみたい●少しずつ自分の気持ちを理解し始める●話せるようになり始め、話し言葉（例：簡単な指示）ももっと理解できる●自我が芽生える・知らない人は少し苦手に感じる●自己コントロールに助けが必要
子どもからのメッセージ	“何度も繰り返させて”	

時期	児童期	
年齢	5－6歳	6－8歳
発達段階の特徴	●体のコントロールが上手にできるようになり、バランス感覚も安定してくる●自分の気持ちを理由つきで表現するようになってくる●他者の気持ちもより理解できるようになってくる●語彙もだいぶ増え、長い文章を使って話すことができる●論理的な考え方が徐々に生まれてくる●自分を評価し始め、間違いを犯すと罪悪感を覚えるものの、認めるのが難しい●なんでも「なんで」と気になる●お友だちみんなに好かれたい●ルールを作ってお友達と遊ぶのが楽しい	●だいたいのことは自分でできる（着替え、運動）●長期間で物事を考えられるようになってくる●経験、考え、気持ちをより詳細に説明できるようになってくる●論理的に考え、ルールや物事の善し悪しに敏感になる●会話のキャッチボールが大人ともスムーズになる●書いたり読んだりもできる●親や家族から自立を見せ始める●自分のことよりも、友情やチームワークにより注意を払うようになる●友達に好かれたいし、認められたい
子どもからのメッセージ	“一人でできるように手伝って”	“一人で考えられる

っ「声かけ」NG／OK虎の巻

叱る

人中心

**なんて悪い子なの！
どうしてできないの？**

✕

「人中心」の叱り方とは、子どもの性格、能力、外見の欠点や短所を責める批判です。性格や能力を批判されると、自分にはどうせできないという無力感を覚えるようになり、次に挑戦し、成功しようという意欲をなくしてしまいがちです。

プロセス中心

**△△したかったんだね。
どうすればできるか
一緒に考えてみようか**

○

まず、子どもが何をしたかったのか、何を言いたかったのか理解し、肯定の言葉から始めます。結果に至るまでの努力ややり方（ときにはその未熟さ）を具体的にフィードバックし、どうすればよいか一緒に考え、次回の成功へと導きましょう。

理由説明

**急に△△ すると、
××しちゃうかもしれないから、
◇◇しようね**

○

自分がとった行動が、子ども自身や他の人にどんな影響を与えるか、具体的に説明します。また、「お友だちを叩いたりすると、ママは悲しいよ」などと親の気持ちを正直に伝えるのも、効果的です。

モンテッソーリ教育・レッジョ・エミリア教育

を知り尽くしたオックスフォード児童発達学博士が語る

自分でできる子に育つ

ほめ方 叱り方

島村華子

Discover

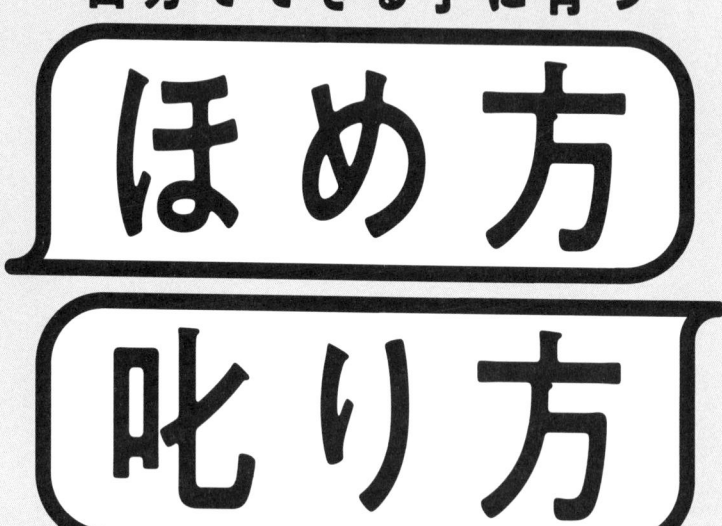

はじめに

家庭でも教育現場でも、子どものほめ方・叱り方というのは難しく、悩ましいものですよね。

どうやって子どもをほめているのか、あるいは叱っているのか、意識して考えたことはありますか？

無意識にこんな言葉を使っていないでしょうか。

ほめる

「すごい！」
「よくできたね！　才能あるよ」
「さすがお兄ちゃん（お姉ちゃん）だね」

叱る

「ダメって言ったでしょ！」
「早く〇〇しなさい！」
「どうして約束が守れないの？」

じつは「ほめる」「叱る」の声のかけ方次第で、親子関係や子どもの育ち方に大きな影響が見られます。**日本人に多いとされる「自己肯定感」の低い子どもは、謙遜文化による「ほめ不足」が原因ではなく、「非効率なほめ方や叱り方」が原因かもしれないのです。**

私はモンテッソーリ教育の教員としてカナダで勤務し、「褒美」と「罰」は同等であるだけでなく、子どもにとって本来は必要のないものだと身をもって体験しました。

子どもたちが「ごほうびシール」を得るため、あるいは大人からの罰を避けたい一心に行動したとすると、子ども自身がもっている好奇心や興味を見極めるのは非常に難しくなるからです。

私が教員になりたての頃、早く文字を書き終わった子に対して「すごいね！　早かったね！」とほめたことがありました。そのあと、この子どもは毎回のように一目散に作業を終わらせて私のところに見せにくるようになりました。

時間をかけたり、自分の好きなようにアレンジすることもなく、私にほめてほしいがために「早く終わらせる」ことだけに集中するようになってしまったのです。

つまり、**ほめるという行為で褒美を与えることは、罰と同じように、無意識であったとしてもやり方によっては子どもたちの行動やモチベーションを外的にコントロールし、その子の本当にやりたいことの妨げになる可能性がある**ということを教員経験が気づかせてくれたのです。

子どもたちの内から湧きでるモチベーションについてさらに興味が湧き、私は教員生活に終止符を打ち、動機理論に基づく効果的なほめ方について研究を行うため渡英しました。

また、モンテッソーリ教育以外のオルタナティブ教育にも強い関心があったため、さらにモンテッソーリ教育ならびにレッジョ・エミリア教育の効果についても研究を行いました。両教育方法は、カリキュラムなどのマイクロな教育方法では大きく異なるものの、マクロな視点で見たときに、子どもに対する絶対的な尊敬・尊重を基盤にしているという点ではとてもよく似ています。

モンテッソーリ教育、レッジョ・エミリア教育ともに、子ども一人ひとりを生まれながらに能力をもち合わせたパワフルな学習者であるだけでなく、権利をもった一市民としてみなします。これらの「大人がもつ子どもに対するイメージ(見方)」は、この2つの教育方法における支柱です。子どもを独立した市民として見た場合、大人は子どもの「自分でやってみたい」という自主性を伸ばすために、わき役に回り、子どもが探求心を満たせるような環境づくりに励むでしょう。子どもを権利をもった市民として見た場合、大人は子どもの主張を尊重し、ともに学習者であるという謙虚な姿勢を忘れずに子どもと接するでしょう。

このように、大人の子どもに対するイメージが、子どもとの接し方だけでなく、教

モンテッソーリ教育の概念図

カリキュラム
個人に基づくプログラム
教育理念
自己主導型の人間を育てる
親・先生の役割
進行・助手役
接し方・子育て方法
子どもの能力・自立の意思を尊重・促進
関係性
相互尊重
子育てのゴール
自主性を持つ子に育てる
子どものイメージ
独立した市民・平和の立役者

レッジョ・エミリア教育の概念図

カリキュラム
民主主義教育
教育理念
民主的集団形成
親・先生の役割
共同学習者
接し方・子育て方法
子どもの言語・意見に耳を傾ける
関係性
相互尊重
子育てのゴール
社会に貢献できる子に育てる
子どものイメージ
権利をもった市民・研究者

育理念や大人の役割に大きな影響を与えます。そして、教育ならびに子育てを語るとき、大人は自分たちが決めた「成功」のイメージを子どもに知らず知らずに押し付けていないか、しつけだから仕方ないと愛情の駆け引きをするような「条件付きの接し方」をしてはいないかを問い直すことが不可欠です。

大人のエゴのためではない、子どものためのほめ方・叱り方を心がけた教育とはどういうものなのか。さらに大人の期待や評価を押し付けない子育てとはどういうものか。幼児教育者として、また児童発達学の研究者として、教育理論と研究データに基づいた効果的な声かけを共有したいと思い、本書の執筆に至りました。

この本は、「えらい」「上手」「すごい」や「ダメ」「いけない」がなぜ悪影響なのかだけでなく、これらの口ぐせから脱却する声かけのポイントをたくさん紹介しています。また、愛情をエサにせず、子どものすべてと向き合う「無条件な接し方」をするための原則・方法を紹介します。

普段何気なく言っている「ほめ方」「叱り方」の口ぐせを意識して少し変えるだけで、子どもとよりつながることができるようになります。また自分のもつ子どもへのイメージを少し見直すだけで、「条件付き」から「無条件の接し方」に移行することができるかもしれません。この本が、手にとってくださったみなさんにとって、子育てや教育現場でのヒントになれば幸いです。

なお、本書のほめ方・叱り方は、3〜12歳を対象としています。

第1章

親の声かけ次第で、子どもは変わる

第2章

自分でできる子に育つほめ方

CONTENTS

第3章 自分でできる子に育つ叱り方

CONTENTS

第4章 子どもとつながる聞く習慣

第5章

こんなとき、どうすればいい？Q&A

第
1
章

MONTESSORI
REGGIO EMILIA
OXFORD

親の声かけ次第で、子どもは変わる

01 そのほめ言葉が、子どもの自主性を奪う？

「褒美を与える」と「罰する」は、アメとムチです。そのつもりがなくても、親はこのアメとムチを使うことで、子どもの行動を親の思いどおりにコントロールできてしまいます。

これは、「条件付きの接し方」といいます［＊1］。このやり方は「陽性強化」（positive reinforcement）とも呼ばれ、動物が人間の望む行動をする頻度を増やすためのトレーニングによく使われます。

「条件付きの接し方」の反対は、「無条件の接し方」です。この2つの違いを詳しく見ていきましょう。

子育てにおける2種類の子どもへの接し方

①条件付きの接し方（条件付き子育て）
子どもの行動の善しあしによって、褒美や罰を使いながら愛情の注ぎ加減を調整し、行動をコントロールしようとする。

②無条件の接し方（無条件子育て）
行動の善しあしにかかわらず愛情を注ぎ、子どもの気もちに寄り添う。

子育てにおいて「無条件の接し方（無条件子育て）」をする場合、子どもの行動の善しあしにかかわらず愛情を注ぎます。子どもをコントロールするのではなく、気もちを考え、行動の理由に向き合います。

これに比べて「条件付きの接し方（条件付き子育て）」は、子どもが大人の思いどおりに行動したときにだけ愛情を与え、逆に期待に沿わなかったときには愛情を引っ込めます。

「そんなことはけっしてない、親はつねに子どもを愛しているし、だからこそ、子どものために叱ったり、ほめたりしている」とお思いになる方も多いと思います。

たしかにそのとおりです。しかし、幼い子どもたちは親の愛情の変化に敏感です。そのため、**愛情をエサにする接し方を繰り返すと、ほめられたときに愛されていると感じ、逆にそうでないときには愛されていないと感じてしまうのです**。大切なのは大人が「私は愛してるんだ」と自分を納得させることではなく、愛情の受け取り側である子どもが実際はどう感じているかということなのです。

子どもは親からの愛情をつねに欲しています。そのため、愛されるためにほめられる行動をする、愛されるために親の機嫌をうかがうような行動をしようとします。

愛情を引っ込められる子どもたち

具体的にはどのようなことでしょうか。

たとえば、あなたは毎晩長女に絵本を読む約束をしていたとします。しかし長女が「着替えたくない！」と寝る前にぐずったとします。あなたには小さな乳飲み子もいるのにどうしても言うことを聞かない長女に、とてもイライラします。

そして思いどおりに動かなかった長女には絵本を一緒に読む権利はないと判断し、罰として絵本の時間をやめることにします。

お母さんやお父さんと一緒に過ごす時間を取り上げられることは、子どもの目には、愛情を引っ込められたように映ります。このように愛情をエサに条件付きの接し方を繰り返すと、子どもは「親の思うとおりに動かなかったら愛してもらえない」と思うようになります。

逆に無条件の接し方は、長女がぐずった後もいつもどおりに一緒に絵本を読みます。絵本の時間の前か後に、先ほどのできごとを話し合ったり、103ページでご紹介する「わたしメッセージ」で気もちを伝えたりすることもこの間にできます。

つまり、いつもどおりの親子の時間をもつことで、**愛情をエサにすることなく、たとえ子どもが親の期待に沿わない行動をしても愛している**ということを示すのです。

子どもを「一人の人間」として尊重しているか？

無条件の接し方と条件付きの接し方の決定的な違いのひとつは、**子ども全体を見てあげるかどうか**です。

無条件の接し方では、考え方や行動の理由をまず考えます。そして、そのうえで一緒になってベストな解決策を見つけだします。もちろん大人がリーダーシップをとって子どもを引っ張る必要はあります。ただこれも子どものことを信頼し、いろいろなことができる一人の人間として尊重しているからこそできることです。

一方で、条件付きの接し方は、ただ行動だけを見て判断します。このため、なぜ子どもがその行動をすることになったのかを考えずに、表面上の行動だけで悪いと決めつけ、親の期待に沿わなければ罰を与えます。

親がこのような対応をしてしまうのは、「一人では何もできないから、親が判断しなくてはならない」「まだ信頼できない」と子どもに対して否定的なイメージをもっていることが背景としてあります。

子どもへの愛情は、〝見返りを期待しない贈り物〟

もうひとつの大きな違いは、**大人自身が親の愛情をどのように捉えているかです。** 無条件の接し方では、親の愛情というのは〝見返りを期待しない贈り物〟です。一方で条件付きの接し方では、親の愛情は〝子どもがよいことをして稼がなくてはいけないもの〟です。そのため、よい子にしていたら愛してあげるし、よい子にしていなければ愛情を与えずに子どもを罰するのです［＊2］。

〝私たちが表面上の行動だけにとらわれると、子どもの本質を見ることを忘れ、ほめるか罰するかという観点だけで子どもを見るようになる。行動を超えて子どもを見てみると、苦しんでもがき、私たちの助けを必要としている一人の小さな人間がみえてくる〟

——Rebecca Eanes［＊3］

02 「条件付き子育て」の怖いデメリット

条件付き子育てには、４つのデメリットがあります。

1　短期的にしか教育効果がない
2　条件付きの自己肯定感しかもてなくなる
3　親子関係が悪くなる
4　世代を超えて引き継がれる

①短期的にしか教育効果がない

条件付きの子育てをすると、短期的には親の言うことをよく聞くようになります［＊1］。

親の望むようにふるまわなければ愛してくれないという恐怖心やプレッシャーが生まれたり、言うことを聞けば親に認めてもらえると思うようになったりするため、子どもが自分の行動を規制するからです。

しかし、それは**あくまでも一時的に親にとって都合のいい子になるだけで、誰かのためによいことをしたいと心から思うわけでもなく、自分勝手な動機でしか行動しなくなります。**

②条件付きの自己肯定感しかもてなくなる

短期的には効果があったとしても、条件付き子育ての代償は非常に大きいものです。愛情を無条件で受けてこなかった子どもは、**外的な承認**（周囲からの賞賛、物的な褒美など）**によって自己評価が左右されるなど、条件付きの自己肯定感をもつようにな**るケースが多くなります［＊4］。

たとえば自分の上司や同僚が「すごくいい仕事をしたね」とほめてくれたときにしか自分は有能だと思えない、あるいは周囲に「すごい」とほめられないと自分に自信がもてなくなります。

③親子関係が悪くなる

条件付きで育てられた子どもは親から拒絶されたと感じることが多く、その結果、親に対する憤りを覚え、親子関係が悪化することがあります［＊1］。

大人自身は子どもを無条件に大切に扱っているつもりでも、子どもには必ずしもそう映っていないことが多々あります。

大事なのは、**親や大人が「自分は子どもに対して無条件の愛情を注いでいる」と自己評価で満足せずに、子どもたちがどのように大人の愛情を感じているかを意識すること**です。

将来子どもが「親と意見が合わずにぶつかったときも愛してもらっていると感じましたか？」と聞かれたときに、あなたは自分の子どもにどう答えてほしいでしょうか。

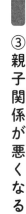

④世代を超えて引き継がれる

条件付き子育ては世代を超えて引き継がれる可能性が高いことがわかっています［＊1］。

条件付きの愛情を受けて育った子どもが親になったとき、自分が親からされたことはネガティブなものであったと認識しているのにもかかわらず、**自分の子どもに対して同じ手法を使ってしまう場合が多い**のです。

愛情の駆け引きで相手をコントロールすることを無意識にインプットされてしまい、その連鎖から抜けだすのが難しくなってしまうからです。

03 「無条件子育て」をするための5つの条件

では、条件付き子育てから無条件子育てに移行するにはどうしたらよいでしょうか。

一つ大切なことは、**無条件子育てとは、子どもに好き放題させることではありません。無条件に子どもの言うことを聞くということでもありません。**

必要なのは、子どもと正面から向き合い、誰のための子育てかを考えるということです。そして子どもの気もちを受け入れながらも、子どもにとって自信をもったリーダーとして寄り添うことです。

無条件の子育てを実践するための5つの原則を紹介します。前述のとおり、原則1の「ほめ方と叱り方に気をつける」ことがキーとなります。

そして、上手にほめて叱るためにまず親が考慮すべきものとして原則2〜5が必須となります。子どもに対して、どのようなイメージをもち、発達段階を考慮して、何を求めるのかによって、ほめ方も叱り方も変わってくるのです。

無条件子育ての5つの原則

1 ほめ方と叱り方に気をつける

2 「子どもに対するイメージ（見方）」を見直す

3 子どもにとって良きリーダーでいる

4 子どもへの要求を考え直してみる

5 子育ての長期的なゴールをもつ

04

無条件子育ての原則1

ほめ方と叱り方に気をつける

ほめるときと叱るときはどちらも、**能力や見た目に集中した声かけを避け、努力や経過に言及したり、子どもの行動について具体的に声をかけたりすることが重要です。**

大切なのは、子どもの行動を親が思うようにコントロールするために、ほめたり、叱ったりしないようにすることです。

そして、どんどん質問をしましょう。自由回答式の質問をすれば、子どもが自身の内側に潜んだ世界を親に打ち明けてくれるかもしれません。

詳しい方法については、2章と3章でご紹介します。

05 無条件子育ての原則2
「子どもに対するイメージ」を見直す

「子どものイメージ（見方）」とは、個人や集団が、教育現場や社会のなかで、子どもの役割・能力・責任・目的やモチベーションをどのようにとらえているかということです［＊5］。

親が、「子ども」という存在に対してどのようなイメージ（見方）をもっているかは、親の行動の根源となります。

「子どもには、一人でできる力がある」という見方をしていれば、子どもを信頼し、一人でできる環境を準備して自立をサポートしてあげるでしょう。

一方で「子どもは一人では何もできない」という見方をしていれば、つい親が手を出してしまったり、何事にも「危ない！」と敏感になり過保護になってしまったりします。

また、「子どもは大人の言うことを聞くべき存在だ」という見方をしていれば、大人の意見や価値観を押し付け、行動をコントロールしがちになります。意見を言う子どもに対して、「口ごたえして、言うことを聞かない子」だとレッテルを貼り、イライラしてしまうかもしれません。

一方で、「子どもも大人と同じように権利をもった尊い存在だ」という見方をしていれば、子どもの意見にもっと耳を傾け、行動の裏にある理由や気もちにまで注意を払うでしょう。

自立した大人になってほしいけれど、いまは従順な子どもでいてほしい？

このように親がもつ子どものイメージ次第で、子どもに対する気もちや接し方は大きく変わります。

大人がただ行動を一時的に変えるだけでは本質的な変化は起こりません。子どものイメージを見直すことで、初めて内側からの変化が生じるのです。

「よい子」とは、どんな子どもでしょうか。静かに大人の言うとおりに動き、ルールにしたがう子でしょうか。

逆に「困った子」というのはどんな子でしょうか。大人の言うことを聞かず、自己主張をする子でしょうか。

日本だけでなく海外でも、電車やバスで泣かない赤ん坊に、大人が「静かにしてえらいね。いい子だね」と話しかける場面をよく目にします。

ですが、泣くのは、子どもの仕事です。いろいろな感情を経験するのが、子どもの仕事です。自分の興味を探求するのが、子どもの仕事です。欲求を自身の言動で伝えるのも、子どもの仕事です。

実際には本来の成長段階にあった行動をとっているだけなのに、多くの人々が無意識に求めているのは、大人に「迷惑」をかけない子どもでいることなのです。

子どもの行動の善しあしは、大人の都合で決めるべきものでしょうか。
子どもに将来、人に言われるままに動くような人になってほしいと思っている親はいるでしょうか。

親がもつ子どものイメージは、その子が大人になったときの行動を左右します。自分の子どもには、独創性や好奇心をもって、自立した人間になってほしいと思っているのであれば、いま我が子にもっているイメージとそれに伴う接し方は、その助けになっているのかを一度考えてみる必要があります。

「あなたが大人になったときには、自分をしっかりもって、自立していて、さらに強い意思をもった人になってほしいけれど、子どものうちは受け身で、従順で大人の言うことを聞く子でいてね」
どう考えても、矛盾していますよね。

「男の子」「女の子」のイメージを押し付けていませんか？

子どもに対するイメージ（見方）を考えるときに、男女（性差）をめぐるステレオタイプ（固定観念）にも気をつける必要があります。

知らず知らずのうちに「男の子なんだから泣かない！」「女の子なんだから、おしとやかにしなさい！」と、いまの時代にそぐわないイメージを子どもに押し付けていないでしょうか。

男の子が涙を流すのは、本当に弱さの象徴なのでしょうか？　自分の気もちに正面から向き合い、涙を流すことは勇気がいることであり、それこそが真の強さではないでしょうか？

女の子がリーダーシップをとったら、いばっているのでしょうか？　まわりをひっぱっていく統率力に男も女も関係ありません。

「料理ができる」という項目が、「結婚したい女性の条件」の上位にランクインするのに、なぜ「結婚したい男性の条件」にはランクインしないのでしょうか。

大人の勝手な思い込みが、子どもの可能性と経験を狭める

男女のステレオタイプは、おもちゃや洋服、習いごとなど、子どもの生活のさまざまな面に影響を与えます。

たとえば、女の子には当たり前のように人形のおもちゃやピンクの洋服を買い与え、バレエやピアノの習いごとをさせる。男の子には車のおもちゃやブルーの洋服を買い与え、サッカーや野球の習いごとをさせていませんか。

「男の子のおもちゃ」として認識されているブロックやパズルを多く経験した子どもたちのほうが、空間認識力が高くなる一方で［＊6］、「女の子のおもちゃ」とされている人形遊びやおままごとを多く経験した子どもたちのほうが、コミュニケーション能力や社会情緒的能力（相手をなぐさめるなど）が高まることがわかっています［＊7］。

このように男女のステレオタイプは親の選択・行動を左右しているだけでなく、子

どもの成長にも影響を与えているのです。

だからといって、人形や車のおもちゃを捨てる必要もありません。急に習いごとを変える必要もありません。子どもたちが楽しんでいるのなら問題はないのです。

ただし、**大人の勝手な性差の固定観念は、子どもたちの選択肢を狭めているだけでなく、経験を制限してしまう可能性もあることを意識してください。**「男の子なんだから」「女の子なんだから」というイメージを潜在的にもっているために、子どもたちを大人の偏見の世界に閉じ込めていないか、一度見直してみましょう。

06

無条件子育ての原則3

子どもにとってよきリーダーでいる

親がよきリーダーであるということは、子どもにとって心の安定につながる大切なことです。リーダーであることを、有無を言わさず子どもを上から支配するような独裁的スタイル（authoritarian parenting）や、子どもの要求を無条件に受け入れリミットを設けないような消極的スタイル（permissive parenting）と勘違いしてはいけません。

一般的に優れたリーダーとは、責任や決断を共有しながら、ロールモデルとしてチームを統率することができる人です［＊8］。

子育てにおけるよきリーダーとは、子どもに向き合い、気もちに寄り添いながらも、必要な制限を設け、子どもに道しるべを示す人を指します。

よきリーダーは、子どもの自立したい気もちを尊重し応援しながらも、自由に伴う責任の大切さも提示します。また、子どもを頭ごなしに批判したり、子どもの意見を一蹴したりせずに、話し合いをもとに解決策を見つけだします。

子どもが叫ぶ、蹴る、叩くなど、癇癪を起こしているとき、フラストレーションや怒りに任せて罰や褒美に頼ってしまうこともあるかもしれません。しかし、こういう状況で子どもは気もちにコントロールがきかない不安を感じています。

子どもが必要としているのは、大人がどっしりと受け入れてくれるという安心感です。あなたの子どもが必要とするよきリーダーになりましょう。

07

無条件子育ての原則4

子どもへの要求を考え直してみる

子どもは年齢によって、できることも、期待していいことも異なります。成長段階に合わない要求はしないことが重要です。

たとえば、生まれたての乳児に一人で歩くことを求めるのは現実的でしょうか。2歳の子どもに走りまわらずに静かに何時間も座っていることを求めるのは現実的でしょうか。

「子どもを信じる」ということと、「子どもに非現実的な期待をもつ」というのは、意味が違います。発達段階によってできること、できないことが違います。成長段階によって、本人のメンタリティも違ってきます。無理な要求を押し付けないことが重要です（本書冒頭の発達段階の特徴を参照）。

また、**子どもに「○○をしなさい！」「○○をしないで！」と言う前に、一度、それが本当に必要なメッセージなのかどうかを考えてみてください。**

「早くしなさい！」「泣かない！」「こぼさない！」という要求は、多くの場合、大人の都合に合わないがために発せられることが多いのです。遅れるから急いでほしい、大声で泣かれると恥ずかしいから泣かないでほしい、家が汚れるからこぼさないでほしい。このように要求リストは永遠に続きます。

大人の都合を押し付けていないか、誰のための要求なのか、子どもにとっていま必要なことは何かを一度立ち止まって問い直してみましょう。

08

無条件子育ての原則5

子育ての長期的なゴールをもつ

将来、自分の子どもにどういう人間になってほしいと思っていますか？

普段の自分の接し方がこの子育ての長期的なゴールの妨げになっていないかを一度考えてみる必要があります。

自分の力で考えられる人になってほしいと思っているのに、子どもが自分の意見を口にしたときに、「口答えをした！」と解釈し、頭ごなしに叱っていませんか。

自立した人になってほしいと思っているのに、つい子どもが一人でできることも全部やってあげてはいませんか。

困難に立ち向かえる忍耐力のある人になってほしいと思っているのに、失敗させせまいと、過保護になって子どもにとっての障害を不必要に取り除いていませんか。

普段の自分の行動が、子育ての長期的なゴールにいかに貢献しているか、あるいは子どもの成長の邪魔になっているのか、意識して考えてみましょう。

「無条件の接し方」と「条件付きの接し方」

	無条件の接し方	条件付きの接し方
大切にする点	子ども全体 （理由、気もち、考えかた）	表面上の行動
子どもに対するイメージ	肯定的	否定的
愛情に対する考え	見返りを求めない贈り物	勝ち取る必要がある特権
接し方	一緒に解決	褒美や罰でコントロール

出典：Kohn（2006, p.19）

MONTESSORI
REGGIO EMILIA
OXFORD

第2章

自分でできる子に育つほめ方

01

安易な「ほめて伸ばす」には要注意！

「すごい！」

「よくできたね！」

「えらいね！」

「さすが○○ちゃんだね！」

「才能あるね！」

「なんでもできるね！」


これらは、子どもをほめるときによく使われるフレーズです。

しかし、ポジティブで子どもの自信につながるように聞こえるこれらの言葉は、子どもの成長にとって必ずしもよい影響があるとは限らないのです。

近ごろは、日本人の自己肯定感（自己に対する肯定的な感情）の低さが問題視されているため、〝ほめて伸ばす〟方法が子育ての主流になってきています。

たしかに、子どもから大人まで、誰もが他人から認められたいという承認欲求をもっています。子どものときにもっと親にほめられたかったと思っている人も少なからずいるでしょう。

しかし、**ほめ方によっては、子どもに不安やプレッシャーを与えたり、モチベーションが下がる原因になったりと、さまざまな弊害がある**のもたしかです。

ではなぜ、「すごいね！」「お利口さんだね」と子どもをほめることがネガティブな結果につながるのでしょうか。逆に子どもに対してどういった声をかけるべきなのでしょうか。ほめること自体が悪いわけではありません。認めてあげることは大切です。ただ、ほめ方の種類によってよくも悪くも子どもの成長に影響があるのです。

02 3種類のほめ方、どれが正解？

「ほめる」とは、「他者の成果やパフォーマンス、あるいは特性に対するポジティブな評価のこと」を指します［＊9］。つまり**評価している側の人の主観で相手の善しあしを決めること**なのです。

大きく分けて、ほめ方には3種類あります。

①おざなりほめ（perfunctory）

どういうところがどういうふうによかったのか具体性に欠ける、中身のない表面的なほめ方をする

「すごいね！」「上手！」

②人中心ほめ(person focus)

性格（優しさ・気遣いなど）・能力（頭の良さ・足の速さなど）・外見（顔・体形など）といった、表面上の特徴を中心にほめる

「優しいね」「頭がいいね」「かわいいね」

③プロセスほめ(process focus)

努力・過程・試行錯誤した手順を中心にほめる

「がんばって最後までやりきったね」
「失敗してもあきらめなかったね」
「いろんな方法を試したね」

たとえば、ごはんをこぼさずに食べた子どもに「すごい、すごい」と言うだけなのがおざなりほめ、「お利口さんだね」と言うのが人中心ほめ、「こぼさないようにスプーンの持ち方を変えてみたのね」と言うのがプロセスほめになります。

03

〝おざなりほめ〟と〝人中心ほめ〟がNGな4つの理由

おざなりほめと人中心ほめには、4つの問題があります[＊10]。

1 「ほめられ依存症」になる
2 興味を失う
3 チャレンジ精神が低下する
4 モチベーションが低下する

順に見ていきましょう。

①「ほめられ依存症」になる

ほめられないと自信がもてず、外部からの承認でしか自分の価値を見いだせなくなります。たとえば絵を描いて親に見せたときに、「上手！」「絵の天才だね！」と言ってもらえないと、「自分の絵はダメなんだ」と思うようになります。

また、「つねに認めてもらいたい、ほめてほしい」という承認欲求が強くなるため、ほめられなかった場合に不機嫌になったり、不安になったりするのです。

②興味を失う

「上手ね」「すごいすごい」と言われ続けると、子どもはほめられること自体に快感を覚え、「どうしたら次もほめられるかな」と考えるようになります。

その結果、**ほめられるためだけに行動をするようになり、せっかく楽しいと思っていたことにも意義を感じなくなってしまう**のです。

たとえば、自分が描いた絵を「上手ね」と言ってもらえなくなったとたん、「ほめられないなら、もう絵は描かなくていいや」と本来は好きだったはずのお絵描きをやめてしまいます。

③チャレンジ精神が低下する

ほめるというのは他者からの評価が基本です。大人でも、「あなたは仕事ができる人だね」などとまわりにほめられるとプレッシャーを感じすぎてしまうことがあるのではないでしょうか。

子どもも同じです。そして、**周囲からの評価が下がることを恐れ、失敗を避けるためにチャレンジすることを躊躇するようになります。**

たとえば、「頭がいいね」と言われ続けると、「万が一、失敗をしたら、賢いというイメージが崩れてしまう」とプレッシャーを感じ、言い訳が多くなるなど、周囲の評価から自分を守ろうとします。

④モチベーションが低下する

努力の有無にかかわらず、いつも「上手!」と言ってもらえたら、自己評価をする必要がなくなります。その結果、**子どもはがんばらなくてもよいと思うようになり、努力をして何かを成し遂げることの必要性を感じなくなるのです。**

たとえば、心を込めずに描いた絵に対しておおげさに「すごいすごい」と言われることで、この程度でよいのだと思い、上を目指すことをしなくなります。

＊3つのほめ方の研究
研究例：ドゥエック博士とミューラー博士（1998）［＊11］
研究内容：
1）128人の小学5年生を3つのグループに分けて実験

2）子どもたち全員にIQテストを受けてもらい、テスト後にそれぞれのグループに3種類の違ったほめ方をした。

グループ1には「こんな問題ができるなんて頭がいいね」と能力（人中心）をほめ、グループ2には「問題を解くためにあきらめずにがんばったね」と努力（プロセス中心）をほめ、グループ3には「よくできたね！」とおざなりにほめてみた。

グループ1：人中心ほめ
グループ2：プロセス中心ほめ
グループ3：おざなりほめ

3）子どもたちに、次に挑戦する問題について簡単なテストか難しいテストを選んでもらうように聞いてみた。

結果：能力をほめられた子どもたち（グループ1）の67%が簡単なテストを、努力をほめられた子どもたち（グループ2）の92%が難しいテストを選択。おざなりのほめ方をされた子どもたち（グループ3）の選択は半々に分かれた。

4）今度は子どもたちに先ほどよりも難しいテストを解いてもらって、あまり成績がよくなかったことを伝えた。その後、子どもたちにこの難しいテスト問題を解き続けたいか、楽しかったかを聞いてみた。

結果：能力中心とおざなりのほめ方をされた子どもたちの多くがこれ以上続けたくないと言ったうえに、問題を解くのはおもしろくなかったと答えた。

一方で、努力をほめられた子どもたちの多くがもう少し長くテストを続けたいと言ったうえに、問題を解くのは楽しかったと答えた。

5）最後に子どもたちに最初に実施したテストと同等レベルのテストをもう一度実施した。

結果：能力をほめられた子どもたち（グループ1）の成績は最初と比べて約20パーセントも低下した。一方で、努力をほめられた子どもたち（グループ2）の成績は約30パーセントも上昇した。おざなりのほめ方をされた子どもたち（グループ3）の成績に大きな変化はなかった。

まとめ：努力をほめられた場合、失敗の後にもチャレンジする意欲的な姿勢（グロースマインドセット）を見せる子どもが多かったのです。

逆に能力をほめられたり、おざなりなほめ方をされたりした場合、チャレンジに直面したときに消極的で挫折する（クローズマインドセット）子どもたちが多かったのです。

この実験結果からもわかるように、人中心（例：能力）やおざなりなほめ方をした場合、子どもの上昇志向を止めてしまう可能性があるのです。

04 ほめるときの3つのポイント

「すごいね」とおざなりなほめ方もダメ、人中心に、「賢いね」と能力をほめたり、「優しいね」と性格をほめたりするのも効果的ではないとすると、いったいどのようなほめ方をしたらよいのでしょうか。

ほめ方には3つのポイントがあります。

1 成果よりも、プロセス（努力・姿勢・やり方）をほめる
2 もっと具体的にほめる
3 もっと質問する

①成果よりも、プロセス（努力・姿勢・やり方）をほめる

子どもをほめるときに大切なのは、**能力や性格をたたえるのではなく、取り組んでいる過程での努力や挑戦した姿勢、やり方を工夫した点などに言及し、励ましてあげること**です。

たとえば、子どもがテストで100点をとったとします。「100点とれたなんて、本当に頭がいいね！」とおおげさにほめる代わりに、「100点をとれるまで努力してきたんだね！（努力）」「いろいろなやりかたを試して、答えを導きだせたね！（やり方）」というような声かけをしてあげましょう。

これによって子どもは、もし次のテストで低い点数をとっても、「自分に能力がないから、できなくてもしかたがない」とあきらめるのではなく、**柔軟にいろいろな方法を試すことで成功できるかもしれないとがんばれるようになるのです**［*12］。

もちろん子どもが努力をしていた場面を見ていないとき、あるいはそのがんばりの様子を子どもから直接聞いていないときは、プロセスにコメントするのは誠実さに欠けます。

この場合は、次にご紹介するように、見たままの具体的な感想を共有したり（もっと具体的にほめる）、子ども自身に質問（もっと質問する）をしてみましょう。

②もっと具体的にほめる

おざなりほめに足りないのは具体性です。

「すごいね」と言われても具体的な理由なしには自分の優れているところ、また努力が必要なところがわかりにくいものです。

たとえば、上司に「いいね！」と言われるのと、「細かいところまで注意を払った様子がよくうかがえる資料で、とてもわかりやすかったよ」と言われるのでは、どちらが自分の長所に目がいくでしょうか。

「よく書けた文章です」と言われるのと、「各章のまとめが的確で、全体に一貫性があって、非常に読みやすい文章だった」と言われるのでは、どちらがスキル向上に役立つでしょうか。

このように**具体的なフィードバックをもらった場合のほうが、次のパフォーマンスに向けてモチベーションが自然と上がります**［＊13］。

「プロセスほめ」でも見たように、途中経過の努力や姿勢、工夫などに言及しながら、具体的にどんなところがよかったのかを子どもに伝え、「すごい」の口ぐせから脱却してみましょう。

見たままを具体的に描写するのも手法のひとつです。

「上手」「よくできました」と大人の評価を押し付けることを避け、見たまま（色・形・数など）**を具体的に表現してみる**のです。

たとえば、子どもがおもちゃのレゴをつくってあなたに見せにきたとします。それを評価したり、おざなりに言うのではなく、具体的に「たくさんの色を組み合わせたら、カラフルになったね！」「ここには違う色を使ってみたんだね！」というような声かけをしてあげましょう。

③もっと質問する

ほめる言葉を伝えるだけでなく、子どもにどんどん質問しましょう。

大切なのは、子ども自身がどう感じたか、どう思ったかということであり、親がどう思うかはそれほど重要ではありません。

質問するときは、「楽しかった？」など「はい」か「いいえ」で答えられるような広がりのない選択解答形式の質問は避けることが重要です。

「どういうものをつくったのか教えてくれる？」など、**会話のキャッチボールができるような自由回答形式の質問をしましょう。**

さらに最上級形容詞（もっとも、いちばん）を使って自由回答式の質問をするのも情報を引きだすのにとても有効的です。「もっとも」「いちばん」という言葉をつけ加えるだけで、漠然とした質問から、具体的な質問に変化させることができます。

ここでも具体性が重要になります。たとえば幼稚園や保育園などのお迎えに行ったときに「今日はどんな日だった？」と聞いても「わからない」とか「知らない」と子どもに回答された経験はありませんか。これは、子どもがたくさんあるできごとのなかから情報を整理しきれないからです。

「今日、お友だちと一緒にいて、いちばん楽しいことはなんだった？　どうしてそう思うの？」というように的を絞った質問をしてみましょう。

むやみやたらにコメントしない

3つのポイントの他にも気をつけるべきことがいくつかあります。

ほめるというのは多くの場合、親の評価が伴います。

大人は、子どもに何も言わないと心地が悪かったり、なぜか罪悪感を覚えたりすることもあり、「すごいね」「上手」と言ってしまいがちです。

しかし、**本来子どもが求めているのは評価ではなく、何かを達成したとき、新しいことを発見したとき、嬉しいことがあったときに、大好きな両親や先生とそれを共有することなのです。**

モチベーション心理学で知られている「自己決定理論（self-determination theory）」も、「所属や関係性」は人間の基本欲求のひとつであり、個人の「ウェルビーイング（生きがい）」に不可欠であると提唱しています［＊14］。

つまり、**喜び・興奮・驚きなどといった感情を、大切な人と一緒にわかちあうことで、自分の居場所があるという感覚が生まれ、幸せな気もちになるのです。**

わかちあうために用いるのは、ことばだけにこだわる必要はありません。ときにはうなずくだけでもいいし、抱きしめたり、笑顔を返したりする、それだけでもいいのです。

また、子どもが何かに集中しているときにわざわざ声をかける必要もありません。集中力が発達する妨げになりますので、静かに見守ってあげましょう。

本当にすごいと思ったら「すごい！」もOK

ほめ言葉がうそ偽りのないものかというのは、子どもだけでなく大人にとってもよく経験する問題です。

たとえば、買い物に行って洋服の試着をしたとき、明らかに似合っていないと自分でもわかっているのに、店員さんに「すごくお似合いですよ」とお世辞を言われて違和感を覚えた経験がありませんか。

子どもも同じです。**がんばっていないと自覚しているときに「がんばったね」と言われたら、その人の誠意に疑問をもつこともあります。**

このように、自己評価と他者評価の間に明らかな差がある場合は、混乱が生じます[＊15]。さらに子ども自身が、親のほめ方がおおげさであったり、あるいは過小評価

された と感じたときは、学校の成績低下や気もちの落ち込みにつながりやすいということもわかっています［*16］。

つまり、**自然発生的なほめ方と違い、行動をコントロールしようとしたほめ方はわざとらしいととらえられるおそれがあり、効果的でないばかりか、ネガティブな結果につながることもあるのです。**

もちろん、子どもの行動や発言に素直に驚いたり、心から感心したりするときもあるでしょう。そんなときは自分を無理やり抑える必要はありません。

「そんな考えがあるんだね！　感心しちゃったよ」と本音で声をかけてあげてください。

CASE 01

字が上手に書けたとき

×

おざなり・人中心

才能あるね！

○

プロセス中心

すごく集中して
何度も書いていたね

「才能あるね」という人中心ほめは、子どもの外側だけを見た評価です。同じような評価が得られないときに子どもは自分の才能を疑ったり、ほかの子どもと自分を比べるようになります。

これに対して努力やがんばっていた姿を認めてもらった場合、もっとがんばろうという内的モチベーションの向上につながります。プロセス中心は結果に固執しないので、たとえ失敗したとしても、次につながるように励ますことができます。

こんな言い方も
GOOD!

もっと具体的に

文字がイキイキしているね

自由回答式の質問

自分で書いてみてどう思った？

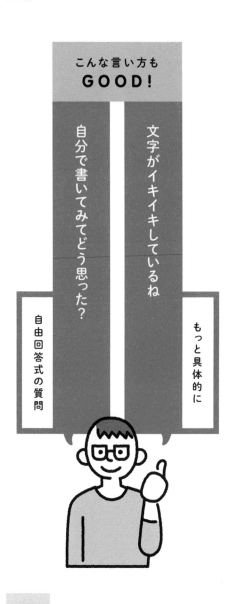

CASE 02 お手伝いをしたとき

×

おざなり・人中心

さすがお兄ちゃんだね

○

自分から挑戦して
くれたんだね

プロセス中心

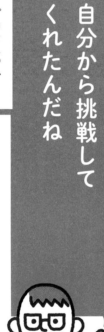

「お兄ちゃん」だからというのは「〜すべき」という大人の勝手な期待の押し付けです。お兄ちゃんらしく、お姉ちゃんらしくふるまわなかったら愛情がもらえないと考える可能性もあります。つまり条件付きの声かけなのです。自覚をもってもらいたいという大人の気もちもわかりますが、子どもにとっては大きなプレッシャーです。

お兄ちゃん、お姉ちゃんという色眼鏡を大人が取り払って、その子自身が考えて行動してくれたことに対して声をかけてあげましょう。

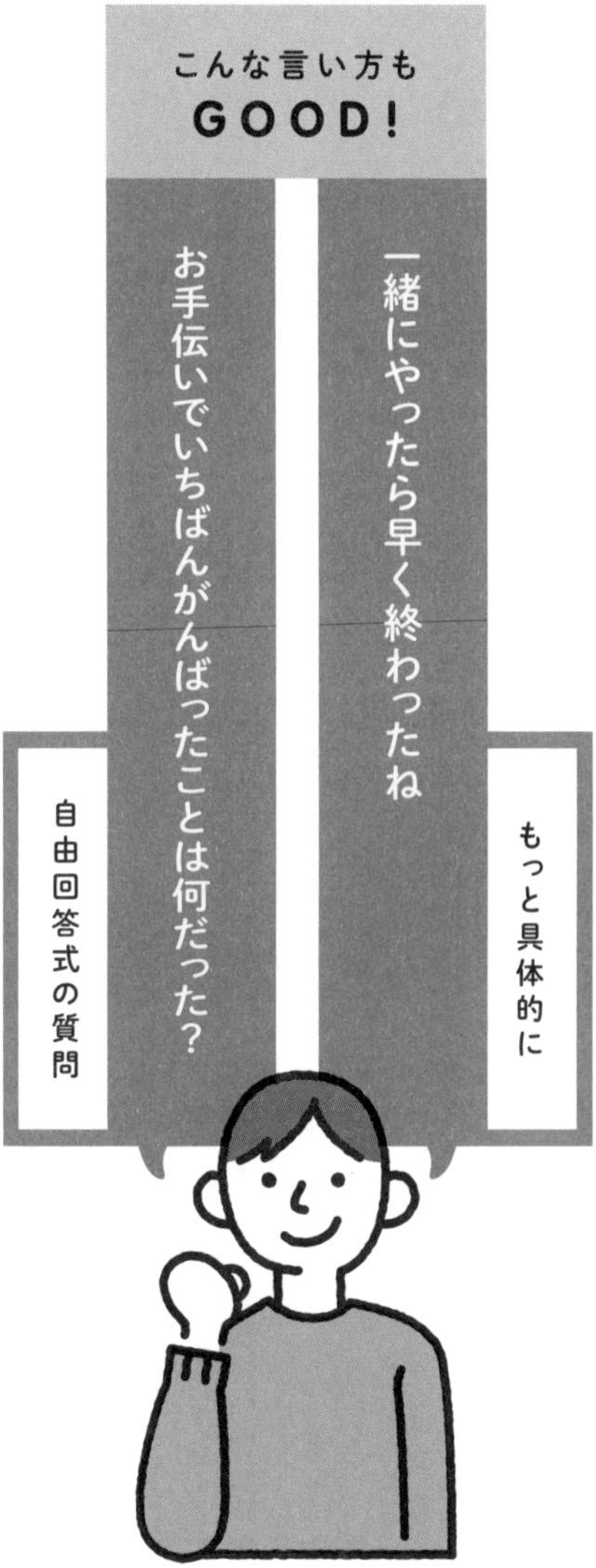
こんな言い方も
GOOD!
一緒にやったら早く終わったね
もっと具体的に
お手伝いでいちばんがんばったことは何だった？
自由回答式の質問

CASE 03 友達に優しくできたとき

✕

おざなり・人中心

優しい子だね

○

プロセス中心

お友達が元気が出るように笑わせてくれたんだね

子どもの思いやりをもった行動（向社会的行動）に感謝することは大切です。しかし、優しい人になってほしいという大人の気もちが大きいがための過剰ぼめは逆効果です。子どもにとってはプレッシャーになるばかりか、相手を助けたいから行動していたはずが、ほめられることを条件に優しくするようになる可能性があります。

子どもが人のために自発的に行動をとったときには、どういうところがよかったのかを認識して声をかけてあげましょう。

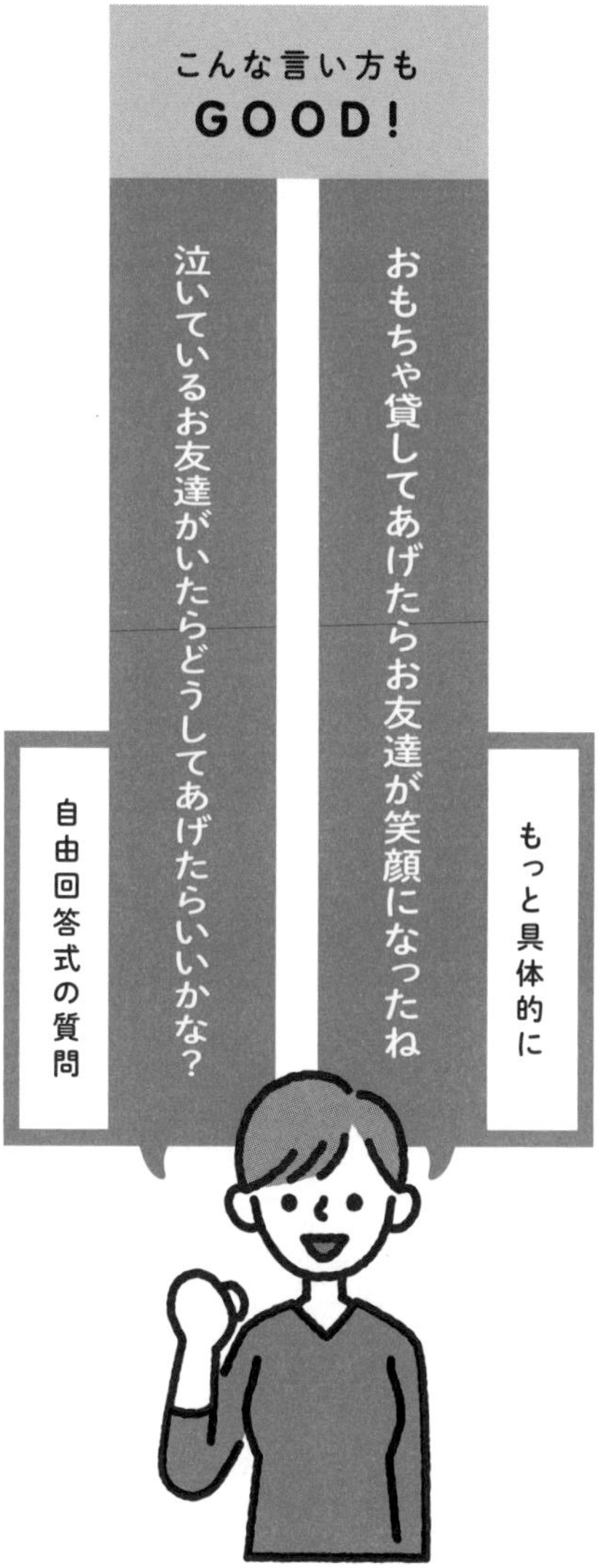
こんな言い方も
GOOD!
もっと具体的に
おもちゃ貸してあげたらお友達が笑顔になったね
自由回答式の質問
泣いているお友達がいたらどうしてあげたらいいかな？

CASE
04

見た目をほめるとき

×

おざなり・人中心

いつ見てもかわいいね！

○

プロセス中心

自分でどれを着るか決められたね

メディアの影響もあり、若い女性のやせ志向など、ネガティブなボディ・イメージ（自分の体に対する概念）は大きな問題です。外見をほめることは、子どもが見た目と自己肯定を結びつけてしまう可能性があります。つまり自分には見た目以外に価値がないと思うようになるほか、「美の基準」を保とうというプレッシャーを感じるおそれがあります。

外見をほめたいのであれば、子どもが変えられるもの（服、靴など）について会話を始めるのがよいでしょう。

こんな言い方も GOOD!

シャツにいろんな動物がいるね
もっと具体的に

どの動物がいちばん好き？
自由回答式の質問

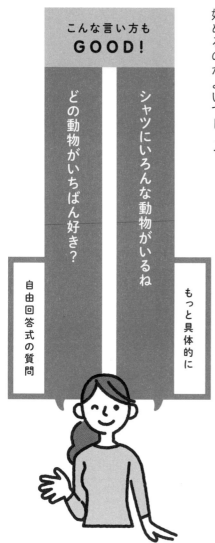

CASE 05

自分で服を着られたとき

✕

おざなり・人中心

えらいねー！

○

プロセス中心

最後まであきらめないのがよかったね

一人で何かができるというのは、自立欲求が強い幼児（特に2〜3歳）にとってはとても嬉しいことです。大人でも自分の好きなことに取り組んだときに「えらい」と言われたら違和感を覚えませんか。子どもも自分がやりたいからやっているだけで、誰かのためにやっているわけではありません。着替えやごはんも、生活するうえで必要なスキルであって、本来は「えらい」ことでもないですよね。もし子どもががんばっていたとしたら、その努力に気づいてあげて、見ていたことを伝えてあげましょう。

こんな言い方も GOOD!

片足ずつゆっくりとはいて、一人で着られたね

もっと具体的に

どこがいちばん大変だった？

自由回答式の質問

CASE 06

パパの似顔絵を描いたとき

×

おざなり・人中心

わぁ、上手だね

○

プロセス中心

よくパパのこと観察したのがわかるよ

子どもが描いた絵をあなたに見せてきたことはいままでに何十回とあったことかと思います。毎日「見て見て」とこられたら返答にも疲れますし、正直面倒なときもあるでしょう。よく見ずに適当に「上手ねー」と言ってしまうのは簡単です。

しかし、子どもにとっては一つひとつが新しいもので、大人がじっくり興味をもって見てくれるというのは嬉しいことです。子どもが何かを見せにきてくれたときは、一つでもよいのであなたが気づいた点を共有してみましょう。

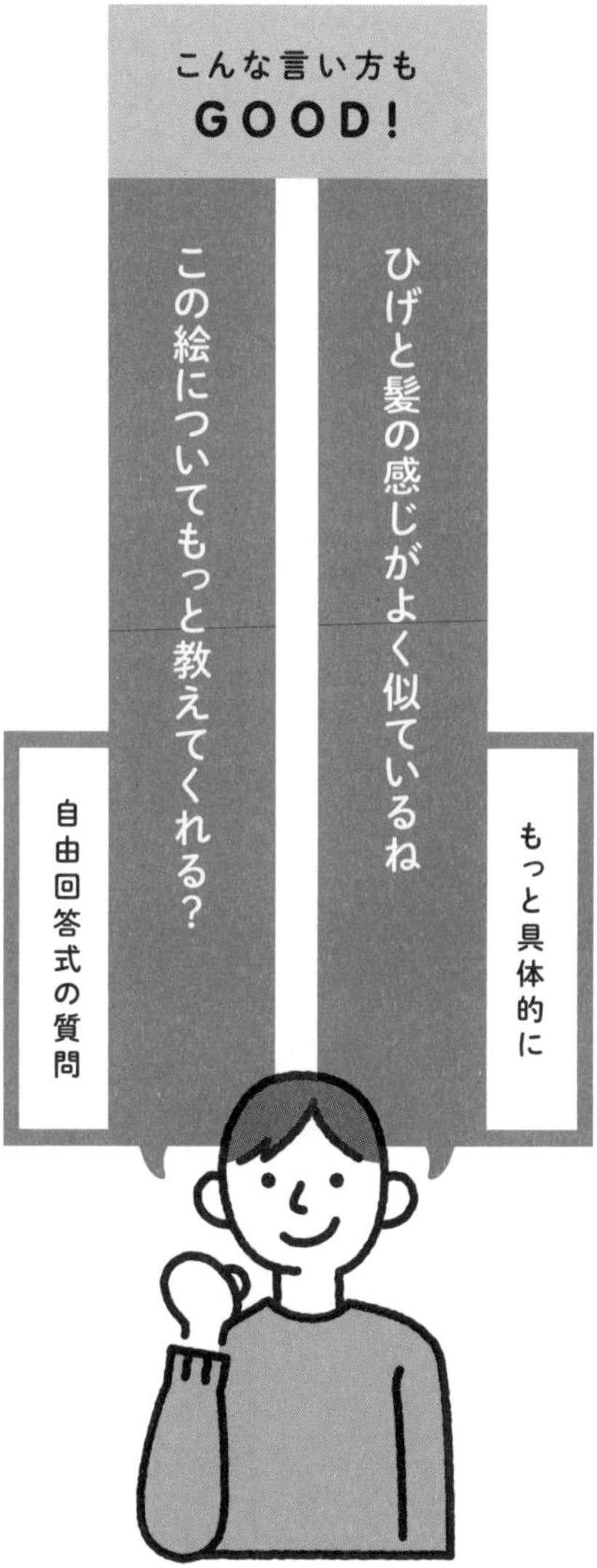
こんな言い方も
GOOD!
ひげと髪の感じがよく似ているね
もっと具体的に
この絵についてもっと教えてくれる？
自由回答式の質問

CASE 07

トイレでおしっこができたとき

ほめる

×

おざなり・人中心

天才！

○

プロセス中心

あきらめないで練習したらできたね

トイレトレーニングにごほうびはよく使われます。しかし、できたらシールを貼らせるなど、外的な褒美を使うことは思わぬ面倒を招くかもしれません。ごほうびを得るためにトイレに行くことは自分の体のサインを無視してしまうことにつながる可能性があります。また上手にできなかったときはごほうびがもらえないとすると、ダダをこねたりして、親子ともに不必要にフラストレーションがたまるおそれもあります。うまくいったことを具体的に認識してあげましょう。

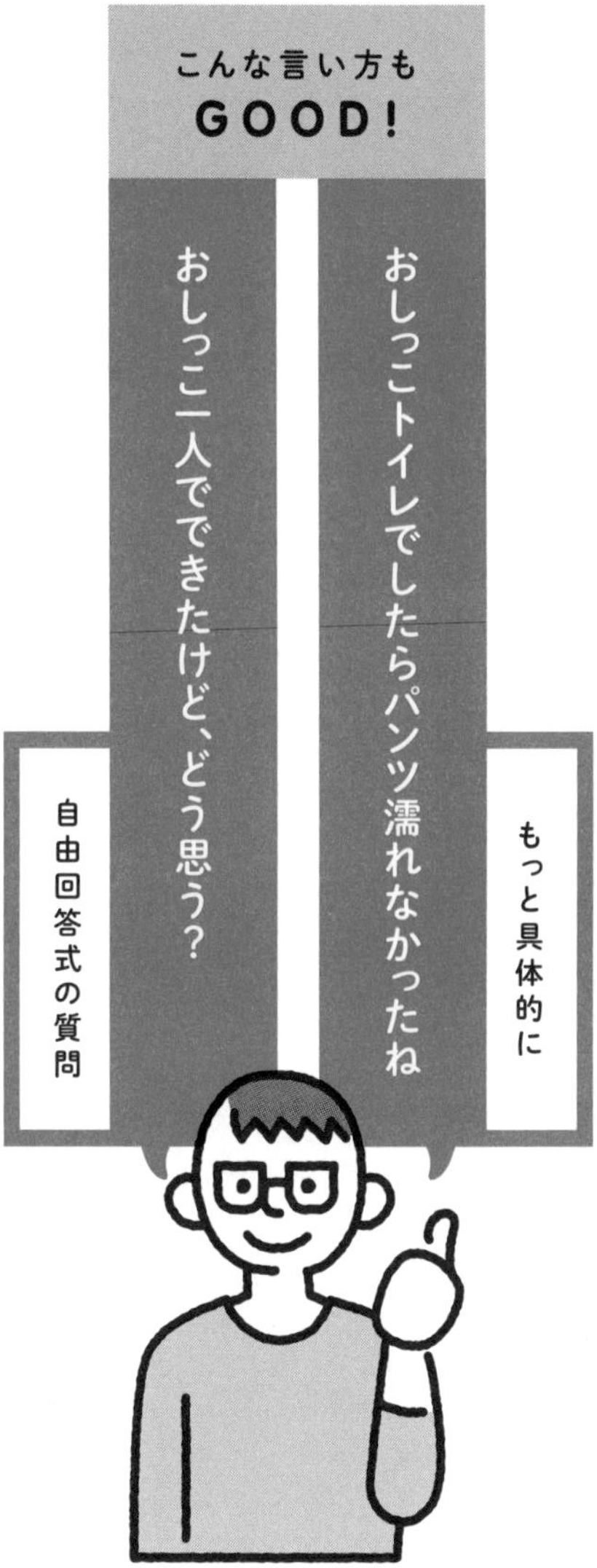
こんな言い方も
GOOD!
おしっこトイレでしたらパンツ濡れなかったね
もっと具体的に
おしっこ一人でできたけど、どう思う？
自由回答式の質問

CASE 08

横断歩道を渡れたとき

ほめる

×

おざなり・人中心

お利口さんだね

○

プロセス中心

ちゃんと右と左を見るのを忘れずに渡れたね

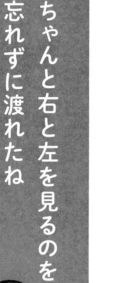

横断歩道を渡ったり、バスに乗ったり、子どもが生活するうえで安全に関わるできごとは日常にあふれています。子どもが車道に飛び出しそうになってひやっとした経験がある方もいると思います。伝えたいメッセージは「お利口さん」だからきちんと規則を守るということでなく、安全上必要なことだからということです。自転車に乗るときにヘルメットをかぶるのも、車でシートベルトをするのも、身を守るうえで大切なことだというメッセージを伝えることを念頭に、声をかけてみましょう。

こんな言い方も GOOD!

手をあげて渡っていたね

もっと具体的に

道を渡るとき何にいちばん気をつけた?

自由回答式の質問

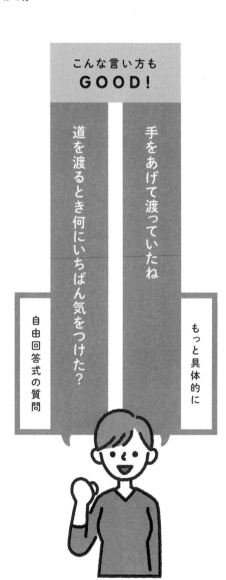

ほめる

CASE 09

発表会などがうまくいったとき

×

おざなり・人中心

すごいよかったよ！

○

プロセス中心

毎日たくさん練習していたもんね

運動会や発表会など、子どもの行事に参加する機会も多いかと思います。毎日のことではないので、「よかったよ」と声をかけることは自然ですし、それがあなたの素直な感想であれば問題ありません。ただ、より中身のあるフィードバックをもらったほうが子どもにとっても、親がきちんと見てくれていたという実感が湧くものです。

たとえば、逆上がりの練習を続けたとき、自転車に乗れるようにがんばったとき、スポーツで活躍したときなども日々の努力に焦点を置いて声をかけてみましょう。

こんな言い方もGOOD!

○○のところがダイナミックで、引き込まれたよ

もっと具体的に

どこがいちばんうまくいったと感じた？

自由回答式の質問

CASE 10 テストの点数がよかったとき

×

おざなり・人中心

やっぱり頭いいねー!

○

プロセス中心

毎日のがんばりの積み重ねだね

「頭がいい」とおおげさにほめると、子どもの自信過剰につながり努力をしない傾向を生みだす可能性があります。反動として、つまづいたりよい結果が出なかったときには、子どもの自己肯定感が低くなったり、プレッシャーを避けるために失敗したときの言い訳を用意したりと、あまりよい効果はありません。点数だけにとらわれず、その点数に到達するまでの子どもの準備や、実際に何を子どもが学んだのか、あるいはテストで具体的によかったところなどに焦点を置いて声をかけてみましょう。

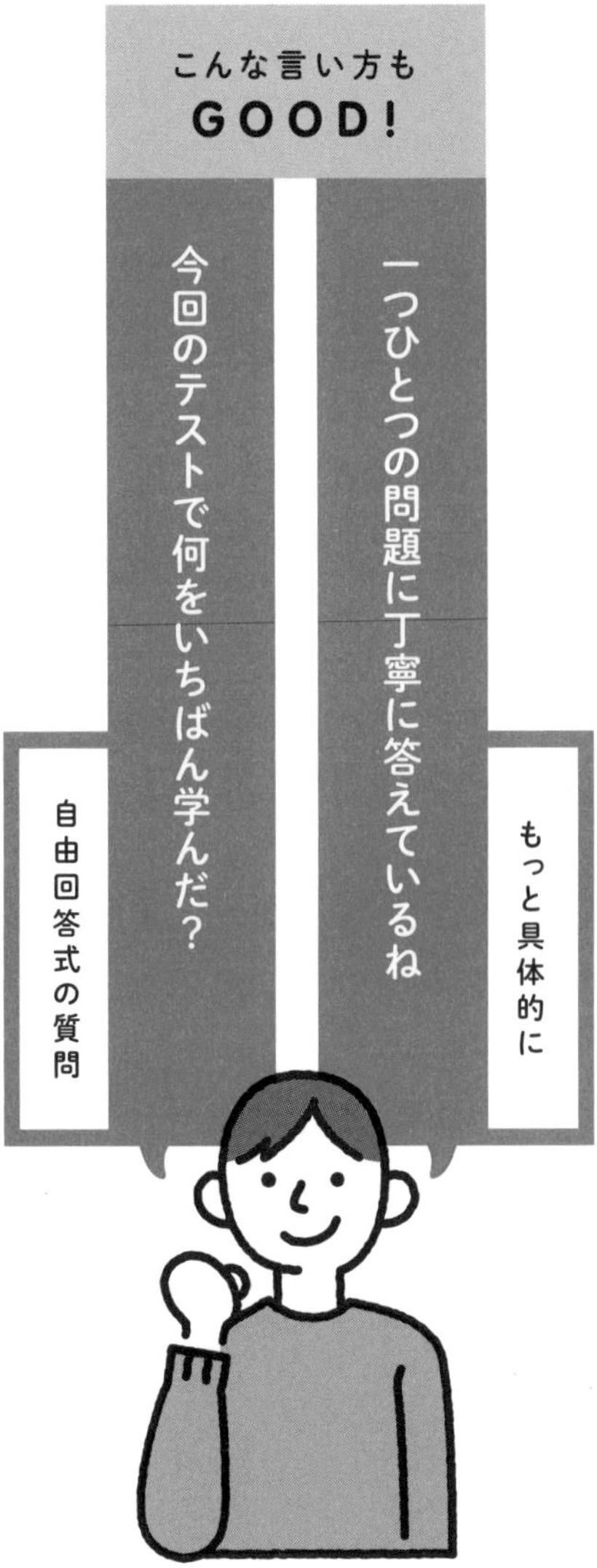
こんな言い方も
GOOD!
一つひとつの問題に丁寧に答えているね
もっと具体的に
今回のテストで何をいちばん学んだ?
自由回答式の質問

MONTESSORI
REGGIO EMILIA
OXFORD

第3章

自分でできる子に育つ叱り方

01 罰を与える叱り方がNGな4つの理由

子どもたちに罰を与える目的は、望ましくない行動をやめさせることです。子どもに肉体的あるいは精神的な苦痛を与えることで教訓を垂れるという、いわゆる伝統的な子育て方法です。体罰だけでなく、口頭による罰（例：怒鳴る）、物理的な罰（例：物を取り上げる）、行動による罰（例：無視）なども、罰を与えることに含まれます。

しかし、子育てにおける罰には4つの大きな問題があります。

1 より攻撃的、反発的な態度を生みだす

2 力を使った問題解決方法が正当化される

3―親子関係にヒビが入る
4―罰を与えても反省を促さない

①より攻撃的、反発的な態度を生みだす

罰を受けている子どもは、逃げ場がなく、自分の力ではどうすることもできません。さらに**自分に罰を与える相手（親）に対して怒りを覚えます。**

その結果、このフラストレーションをより反抗的な行動で表現するのです。そのため、罰は子どもの攻撃的な行動を誘発し、親がさらに罰を与えることを繰り返すという負の連鎖に陥りやすくなります［＊17］。

②力を使った問題解決方法が正当化される

つまり、**罰を使った子育ては、暴力や圧力で問題が解決できるというメッセージを子どもたちに送っているのです。**双方の意見や想いを尊重した話し合いなしに、一方

的に力を行使する方法が「模範」であった子どもは、大人になったときに平和的解決を率先して取り入れるでしょうか？

このような子育てを経験した子どもは、自身が親になったときも同様に権力を行使する専制的な接し方をすることが多く、罰の連鎖は世代を超えることもわかっています［＊18］。

③親子関係にヒビが入る

親が子どもに罰を与えると、子どもにとっては親を自分の味方だと感じることが難しくなります［＊2］。子どもにとっていちばん頼りになる存在で、いちばん愛してほしい親が急に自分を無視したり、「いい子にしていないと置いていくからね！」「門限までに帰ってこないなら、今月のお小遣いはあげないからね」などと脅したりする罰というのは、子どもの心を混乱させる行為です。

そして、親が信頼できない相手だという想いが強くなれば、子どもは親に対して心を閉ざし、親子のつながりに傷がつくリスクがあるのです。

④罰を与えても反省を促さない

まず、**罰を受けた子どもは、次は罰をいかに逃れるかということに意識が集中するため、自分の行動のどこに問題があったのかを考えません**［*2］。

さらに、何かを子どもから取り上げても本人は気にしなかったり、タイムアウト（決められた場所で気もちを落ち着けるための時間をとること）として部屋に送りこんでも反省の素振りも見せずに普通に過ごしていたりという経験はありませんか。

話し合いや説明なしに一方的に罰を与えられたとしても、子どもにとってはいわゆる「問題行為」と罰の間の関係性が明確ではないため、反省を促さないのです。

02 褒美と罰、2つの落とし穴

「アメとムチを与える」という表現があるように、褒美や罰を交互に使い分けることはよくしつけで行われています。

褒美（物をあげる、むやみにほめるなど）や罰（物をとりあげる、叩くなど）を与えることは、子どもの行動を上からコントロールする方法であるという点で似通っています。

大人の都合に合わせてほめたり、褒美をあげたり、あるいは罰を与えて、大人の思いどおりに子どもを操ろうとする意図があるからです。つまり褒美と罰は条件付きであるという点で表裏一体なのです。

礼儀正しくしてほしいから「えらい！」とおだてたり、もっと勉強をしてほしいから「お利口さん」とほめたりしていませんか。

行動をコントロールするために使っているだけのほめ言葉は、それが本音ではないことが子どもにも伝わるものです。

罰と褒美の落とし穴は、どちらも与え続けないといけないというところにもあります。

罰を与えたとしても、子どもは同じ行動を繰り返す、あるいはその行動が悪化することがよくあります。行動が悪化すればまた別の罰を与えなければなりません。

褒美も同じで、与えれば与えるほど、褒美への依存が強くなり、さらに褒美を与え続ける必要があります。たとえば、小学生の子どもが算数で100点をとったから1000円をあげるとします。その子が高校生になったら、どんな褒美で満足するでしょう。当然、1000円では足りなくなります。つまりイタチごっこなのです。

そして褒美と罰のもうひとつの落とし穴は、子どもが自己中心的な考え方になってしまうところにあります。

ほめられ続けると、次はどうやったらほめられるかということに意識が向くようになります。

この結果、自分の行動（例：友だちに優しくする）が相手に与える影響（例：友だちが笑顔になる）を考えずに、自分のことだけを考えるようになります。

たとえば、優しい子になってほしいと思うあまり「優しいね」「えらいね」と、人中心ほめやおざなりほめをすることは、逆効果になるばかりか、ナルシストになってしまう可能性があるのです［＊19］。

また罰も同じで、自分に罰を与える相手が悪いと思うようになる、あるいはいかに罰を逃れるかということに意識が向きます。このため、褒美を与えられるのと同様に、罰の場合も自分の行動（例：弟に意地悪をする）が相手に与える影響（例：弟が悲しい思いをする）を考えずに、自分の損得だけを考える自己中心的な人になってしまうのです。

03 上手な叱り方の4つのポイント

子どもを叱ることは、社会適応に必要な知識やスキルを教えるために必要なことであり、罰を与えて子どもの行動をコントロールするために行うものではありません。

子育てにおいて、上手に叱るというのは、上手にほめることよりも難しいことです。特に子どもが言うことを聞かないときや癇癪を起こしているときは、親もイライラしてしまって、感情的な対応をしてしまうこともあるでしょう。

では、子どもとつながるためには、どのような叱り方をしたらよいのでしょうか。次の4つのポイントが大切です。ほめるときと本質的に共通する部分が多く感じられると思います。

叱り方4箇条

1 「ダメ！」「違う！」をできるだけ使わない

2 結果ではなく努力やプロセスに目を向ける

3 好ましくない行動の理由を説明する

4 親の気もちを正直に伝える

04

上手な叱り方1

「ダメ！」「違う！」をできるだけ使わない

子どもに対して、つい「それダメ！」「これダメ！」「違う！」「やめて！」と否定的な言葉を使って叱ることが口ぐせになっていませんか。もちろん、道路に飛び出しそうになるなどの危険な状況では「ダメ！」と言うこともやむを得ません。

ただ、そのような緊急事態でない限り、子どもに否定的な言葉を浴びせないようにすることが大切です。

「そうだったんだね」「わかるよ」から始める

子どもは、「ダメ」「やめて」「違う」といった言葉を聞き続けると、脳が脅威を感じて戦闘モードに入り［＊20］、フラストレーションが爆発しやすい状態になります［＊21］。

反対に、子どもの気もちや意思を受け入れたうえで声をかけた場合は、脳が戦闘モードに入るのを防ぐことができ、反発せずに自分や他人の気もちに寄り添う柔軟性が生まれます［＊20］。

肯定の言葉（「そうだったのね」「わかるよ」など）から始めるというのは、叱らずに野放しにする、子どものわがままを丸呑みするという意味ではありません。

まず「ダメ！」と口走る前に、子どもが何をしたかったのか、何を言いたかったのかを理解し、ありのままの子どもを受け入れたうえで手を差し伸べるということです。

たとえば、幼児がタンスの洋服を片っ端から引っ張りだして遊んでいるとします。「ダメダメ！　何しているの！」と否定から始める代わりに、「そっか！　洋服を引っ張りだしたかったのね！」とまず気もちを肯定し、「このお洋服はこの引きだしにしまうから、終わったら一緒に片付けようね」と声かけをしてみましょう。

05

上手な叱り方2

結果ではなく努力やプロセスに目を向ける

ほめるときの声かけと同様、叱るときも「人中心」の批判を避けて、過程（プロセス）を中心に声をかけることが重要です。人中心の批判とは、子どもの性格、能力、あるいは外見の欠点や短所を責める叱り方のことです。

一方で、**過程や手法中心の声かけとは、結果に至るまでの努力（あるいは努力の足りなさ）ややり方（あるいはやり方の未熟さ）に対してネガティブな評価なしに具体的にフィードバックを与えることです。**

子どもは能力ややり方を否定されると、自分には力が足りないからどうせできないという無力感（helplessness response）を覚えるようになり、次は成功しようという意欲をなくしてしまいがちです［＊22］。

たとえば子どもがテストで40点をとってきたとします。

「40点しかとれないなんて、ひどいわね。頭が悪い！」と批難する代わりに、「40点だったのね。自分の目標には届かなかったみたいだね。次はどういうやり方をしたらもっと学べるようになるかな？」というような声かけをしてあげましょう。

06

上手な叱り方3

好ましくない行動の理由を説明する

理由を説明するというのは、ほめるときに具体的に説明するのによく似ています。**子どもに、自分がとった行動が、子ども自身あるいは他者にいかに影響を与えるかというモラル（道徳）に焦点を置きながら、具体的に説明することで、**子どもの理解を得ようとする方法です［＊23］。

1章でもふれたように、罰を与える（叩くなど）、あるいは一方的な叱り方をした場合、子どもの意識はいかに罰を逃れるかということに向くため、自分の誤った行動を振り返る機会がありません。

一方で具体的な理由で説明された場合、自分の行動と結果の因果関係（例：お友達を叩いたら、お友達が泣いた）を初めて理解するようになるほか、他者への影響を指摘することで（例：叩かれたお友達は悲しかった）、相手を思いやる気もちが生まれるのです［＊24］。

たとえば、子どもがスーパーで走りだしたとします。つい「危ない！　ダメだよ！」と口走りそうですが、代わりに「走るとぶつかったりして、あなただけじゃなく、ほかの人もけがするかもしれないから、ここは一緒に歩こうね」というような声かけをしてあげましょう。

07 上手な叱り方4
親の気もちを正直に伝える

「わたしメッセージ（I message）」［＊25］とは、相手を批判したり否定したりせずに、「私」自身の気もちを中心に、自分自身がどう感じているか、またその理由は何であるかということを伝えながらコミュニケーションをとる方法です。

たとえば、外出前にスムーズに支度をしてくれない子どもに対して、「朝、時間どおりにおうちを出られたら、私は安心するんだけどな。遅刻すると教室の邪魔になるから、次からは時間通りにおうちを出られるように一緒にがんばってみようか」というように伝えます。

親自身が自分の気もちを正直に提示し開放することとは、子どもが相手の感情を思いやるきっかけとなり、円滑な人間関係を築く力が身につくといわれています。

反対に、「あなた」という相手が中心のコミュニケーション方法は、「あなたメッセージ（YOU message）」といいます（例：「あなたが朝にダラダラしていたから、遅刻しちゃうじゃないの」）。

「あなたメッセージ」は〝人中心の批判〟と同じように、受け手側は「責められた」と感じやすく、攻撃的になったり、言い訳をしたりと、自己防衛の反応をとりやすくなります。

この結果、建設的な話し合いができるチャンスが減少し、人間関係もギクシャクしやすくなります。

「わたしメッセージ」のつくり方

効果的な「わたしメッセージ」の4要素は、次の4つです。

行動＋感情＋影響＋提案

①**行動**
非難や否定の言葉を使わずに、子どもの行動を客観的に描写する。
×「弟を叩くなんてひどいね」「どうして叩くしかできないの！」
○「おもちゃの取り合いになって、弟のことを蹴ったのね」

②**感情**
正直に自分（親）、あるいは関わった人がどう感じたかを伝える。
×「うるさい！」「やめなさい！」
○「蹴ったりして暴力を振るうのを見ると、ママはとても悲しい気もちになるよ」
「蹴られたときに、弟が泣いて落ち込んでいたよ」

③**影響**
なぜその行動に問題があるのかを、自分（親）、あるいは関わった人に与える影響を例に説明する。
○「けんかをして椅子が壊れたから、もう使えなくなって困った」

「蹴られて、弟は落ち込んでずっと泣いちゃってたよ」

④ **提案**

次はどうしたら同じできごとを回避できるかについて解決策を話し合う。

×「今度また弟のことを蹴ったら、お小遣い取り上げるからね」

○「暴力を使わずにおもちゃを2人で使う方法をみんなで一緒に考えよう」

注意点

ネガティブな気もちだけでなく、ポジティブな気もちも共有してみましょう。

この章は「叱り方」に焦点を置いていますが、「わたしメッセージ」は叱るときだけでなく、ポジティブな気もちを共有するときにも使えます。「お皿を下げてくれて、助かったし、嬉しかったよ」など。

大人はつい子どもの「ダメ」なところに目がいきがちですが、喜びや嬉しい気もちも積極的に共有してみることも大切です。

行動を描写するときに、「ひどい子ね」「意地悪な子ね」「言うことを全然聞かない子ね」というような批判的あるいは否定的なレッテルを子どもに貼らないようにしましょう。

また、「わたしメッセージ」と見せかけた「あなたメッセージ」を送らないようにしましょう。たとえば、「いつもあなたが宿題をやらないでダラダラしているせいで(あなたメッセージ)、ママはイライラしちゃうよ(わたしメッセージ)」は、一見「わたしメッセージ」のように見えますが、じつは子どもの行動を批判する「あなたメッセージ」なのです。

CASE
01 壁に落書きをしたとき

しかる

×

人中心

なんて悪い子なの！

○

プロセス中心

壁以外にどこに描けるか
一緒に考えてみようか

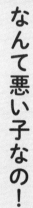

大人が「ダメ」だと決めていることを子どもが知らないことは多くあります。紙も壁も幼児にとってはお絵描きのキャンバスであって、悪いことをしようと思ってやっているわけではありません。

子どもの行動を急いで判断して叱る前に、まず子ども自身が何をしたかったのかを子どもの目線で考えてみましょう。何がしたかったのかを理解したうえで、それでもやはり許容範囲外の行為であれば、別の方法を子どもと一緒に見つけられるように声をかけてみましょう。

こんな言い方も
GOOD!

消すのが大変だから、
紙に描いてみようか

理由説明

CASE 02

落ち着いて座っていられないとき

×

人中心

落ち着きのない子だ！

○

プロセス中心

足と足をくっつけるゲームをしようか！

小さな子どもにとって、ただじっと座っているというのは難題です。とはいえ、病院の待合室であったり、混雑した電車の中などの場合、周囲の目も気になるでしょうし、じっとしなければいけないときもあるかもしれません。

手持ちのおもちゃや本がないときは、ゲームにするように声をかけるのは有効です。まずは年齢的にじっとできなくても仕方がないということを理解したうえで、子どもも大人も楽しく一緒にできる方法を提案してみましょう。

こんな言い方も
GOOD!

少し座っていてくれると、話に集中できて嬉しいな

理由説明

CASE
03

ティッシュ箱にいたずらをしたとき

しかる

×

人中心

さわっちゃダメ！
どうしてわからないの！

○

プロセス中心

これは遊び用にしようか

幼児にとってまわりにあるものはすべて興味の対象になります。引っ張ればティッシュがどんどん出てくれば子どもにとっては大きな発見ですし、楽しい遊びです。ティッシュを出されて困ったのは大人であって、叱る必要が本当にあるのか一度考えてみる必要があります。家中のティッシュを出されて困るようであれば、手の届かないところに置きましょう。あるいは子どもの興味を活かして、ティッシュ箱の中に薄いハンカチを入れてみたり、別の引っ張れるようなものを入れてみたりして、遊び道具に転換してみるのもよいでしょう。

こんな言い方も
GOOD!

ティッシュがなくなると、使いたいときに困っちゃうんだ

理由説明

CASE 04 部屋を散らかしているとき

✕

人中心

だらしない！
早く片付けなさい！

○

プロセス中心

お洋服をたたむの、
一緒にやってみようか

子どもがおもちゃを片付けないというのはよくあることだと思います。まずは「だらしない」と決めつける前に、子どもが片付けをしやすい収納環境（おもちゃの種類ごとに箱を用意するなど）が整っているのかを確認してみましょう。

また、大人の水準に合わせた片付けの完成度やスピードを子どもに無理に求めないことも大切です。「片付け＝怒られる」というマイナスなイメージができ上がってしまうと、ますます片付けは進みません。子どもがまだ一人でできないのであれば、一緒に楽しく片付けをやることから始めてみましょう。

こんな言い方も GOOD!

掃除機がかけにくいから、物が床にないと助かるな

理由説明

CASE 05 ジュースをこぼしてしまったとき

× 人中心

なんでそうやっていつもこぼすの！

○ プロセス中心

どうしたらこぼれずに済むかな？

幼い子どもにとって自分の体の大きさや空間の認識能力はまだ発達中であるため、大人に比べて不器用です。そのため、転んだり、体をぶつけたり、コップに手が当たって飲み物をこぼしたりというのはよくあることです。未発達の能力について「なぜできない」と相手を責めても解決にはなりません。

まずはふた付きのコップを用意するなど、こぼさない環境づくりをしたうえで、明らかに不注意でこぼすことが続くのであれば、どうしたらこぼさずに済むのか一緒に解決策を話し合ってみましょう。

こんな言い方も
GOOD!

理由説明

テーブルの端にコップを置くとこぼれやすいから、真ん中に置くね

CASE 06

スーパーでだだをこねるとき

しかる

×

人中心

買わないって言ったでしょう。
なんで言うこと聞けないの！

○

プロセス中心

このお野菜かごに入れるの
手伝ってくれるかな！

スーパーには子どもにとって魅惑的な商品がたくさん置いてあります。特に幼児の場合、ほしいものがすぐ手に入らないことを理解するのは難しく、フラストレーションを感じやすいため癇癪を起こすこともよくあることです。

スーパーに入る前にまず簡単にルール（予算内で一つだけ何かを買っていい、リストにあるものだけしか買わないなど）を説明しておきましょう。また、お買い物の手伝いは子どもにとっては楽しいものです。買い物かごに商品を入れてもらったりと、積極的に子どもを巻き込んでみましょう。

こんな言い方も GOOD!

理由説明

リストのものを買って
早く一緒におうちに帰れたら
嬉しいんだけどな

CASE 07

友達を叩いたとき

しかる

✕

人中心

なんでそんなに意地悪なの！

○

プロセス中心

お友達に「おもちゃ返して」って言う練習しようか

幼児は自己制御力が未発達であるほか、気もちを表現する十分な言語能力もまだ持ち合わせていないため、不満があったり、いやな気もちになったときに誰かを叩いてしまうことはよくあります。叩くのはなぜダメなのかを教えることは大事です。そして叩く以外の方法があるということを見せてあげることも大切です。

もちろんほかの子の安全にも関わっているので、じっくり構えている余裕はないかもしれませんが、子どもがどうしてその行為に至ったのかを観察して理解してあげることで、同じようなできごとを未然に防ぐヒントになるはずです。

こんな言い方も
GOOD!

お友達の髪を引っ張ったら痛いから、ママがここに座って止めるね

理由説明

CASE 08 テストの点数が悪かったとき

✕

人中心

ひどい点数だな！
なんでできないんだ！

○

プロセス中心

できなかったところを一緒に確認して、次にできるようにしてみよう！

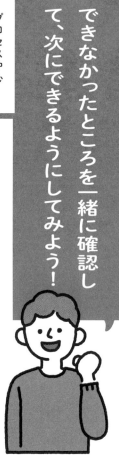

大人でも失敗をしたときに、「なぜできない」と誰かに繰り返し言われたら反省につながるでしょうか。子どもも同じです。人中心の叱り方を続けると、子どもは結果と能力を直接結びつけるようになり、「どうせできないんだからがんばっても仕方ない」と努力をしなくなります。発表会でうまくいかなかったとき、サッカーの試合で負けたときなど、子どももおそらく落ち込んでいます。

まずは残念だったねという気もちを共有しましょう。そしてこの経験を活かして学びのチャンスにしようと声かけをしたほうがはるかに効果的です。

こんな言い方も GOOD!

理由説明

期待していた点数がとれなかったら悔しいよね。次はこの問題が解けるようになったら嬉しいね

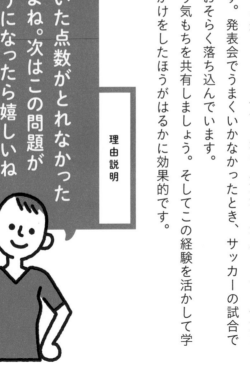

CASE 09 なかなか宿題をしないとき

×

人中心

ゲームばっかりしないで！
早く宿題やりなさい

○

プロセス中心

こないだごはん前に宿題
やったとき、がんばってたよね

宿題をなかなかしない子どもを見てついイライラしてしまうこともありますよね。

宿題をするようにせかしても、子どもにとってはもともとやりたくない理由（つまらない、わからないなど）があってやっていないものなので効果はありません。「勉強しなさい」と言っても響かないのと同じです。

まずは宿題をするスペースや決まった時間を設けて習慣化するなど、やりやすい環境をつくることは大切です。これまでにうまくいった例を話したり、ルーティンの設定をするときに子どもの意見も取り入れていくようにしましょう。

こんな言い方も
GOOD!

**明日の学校に間に合うか
パパは心配になっちゃうな**

理由説明

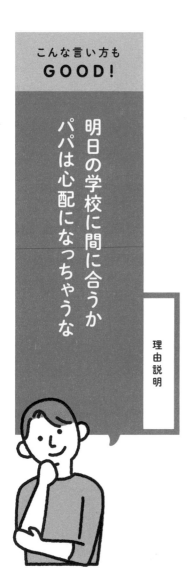

CASE 10

門限を守らないとき

×

人中心

どうしていつも約束を守れないんだ！

○

プロセス中心

今回は門限を守れなかったね。どうしたら時間どおりに帰ってこれるかな？

子どもが大きくなってくると、友達といる時間のほうが楽しくなるもので、門限を守らないこともあるかと思います。親としては約束を破ったことだけでなく、子どもの安全も心配なため、ストレスになります。

まずは、なぜ制限を設ける必要があるのかという理由をきちんと子どもに伝えましょう。そして決まりを一方的に子どもに押し付けるのではなく、家のルールを決める話し合いに子どもも巻き込んでください。自分もルールの設定に関わったならば、子どもも責任をもって行動する可能性は高まります。

こんな言い方も GOOD!

遅くなると、すごく心配だから、時間どおりに帰ってきてくれると嬉しいな

理由説明

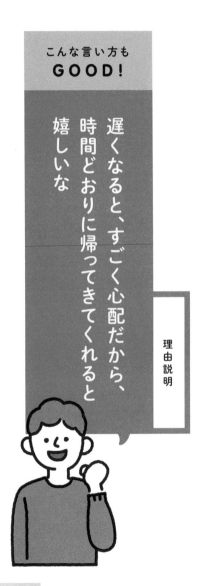

MONTESSORI
REGGIO EMILIA
OXFORD

第4章

子どもとつながる聞く習慣

01 子どもがのびのび育つアクティブ・リスニング（傾聴）

子どもたちがコミュニケーション力を学ぶ最初の場所は家庭です。家族や兄弟・姉妹との会話・交流を通じて、適切な会話力や社会性を身につけていくのです。

子どもは親に「認めてもらっている」と感じることで心を開きます。逆に批判や否定されていると感じると、子どもは心を閉ざします。

つまり**対話を継続していくためにも、関係性向上のためにも、「私はあなたのことを認めている」というメッセージを子どもに伝えていくのは非常に重要なことです。**

では、どうやったら子どもにこの受け入れの気持ちが上手に伝わるでしょうか？

2章と3章では声かけの方法を見ていきましたが、子どもの話を注意深く聞く〝アクティブ・リスニング〟も大切なコミュニケーションのひとつです。

子どもに100％注意を傾けて聞く

アクティブ・リスニングとは、話し手に対して100％の注意を向けて、その人の話を足し算や引き算することなく、無条件に聞き入れることです［＊26］。

では、子どもと対話をしているときに、大人は自分の細胞のすべてを使って、偏見なしに子どもの話を聞いてあげられているでしょうか。

子どもの話を遮ったり、疑ったり、評価をしたり、つい説教をしていませんか。

忙しい生活に追われて、考えごとをしながら、あるいは子どもの話に偏見をもちながら、心ここにあらずといった様子でいい加減に聞き流していることも多いのではないでしょうか。

アクティブ・リスニングは、子どもの話そのものだけでなく、身振り手振りに対しても注意を払うため、集中力と忍耐を必要とします。
自分の心配ごとや先入観を空っぽにしたうえで、目の前の子どもの話を耳や目、心を使って聞くことはたやすいことではありません。子どもの話に興味をもち、心から思いやり、尊敬するからこそできることなのです。

否定されないことが、自分で考える力につながる

アクティブ・リスニングのいちばんの長所は、「自分の話を批判されず、理解してもらえている」という安心感をもたせられるため、言い訳をしたり、駆け引きをしたりすることなく、子どもが自分自身を振り返り、自ら解決策を考える機会をもてることです。

また、アクティブ・リスニングでは、感情に善しあしはありません。怒り、恥ずかしさ、嫉妬、悲しさなど、どんな感情でも、聞き手である親や大人に否定されることなく、受け止めてもらえるのがアクティブ・リスニングです。

この結果、子ども自身も喜怒哀楽を感じることに対して恥ずかしさや反発、あるいは罪悪感を覚えることがなくなり、自分の気もちをより受け入れやすくなります。「そんなことで怒らない」「そんなことでいちいち悲しくなる必要はない」などと言われて自分の感情を抑えこもうとする必要がないのです。

注意深く自分の話を聞いてもらい、受け止めてもらったと感じることによって、自分の感情や問題と向き合い、親や大人に頼ることなく、責任をもって自分のために考える力が身につくようになるのです。

そして誰かに理解してもらえているという感情は、もちろん親子関係の向上にもつながります。聞いているほうも聞かれているほうも、相手に対して好意やあたたかい気もちをもつというのもアクティブ・リスニングがもたらすよい影響です。

02 アクティブ・リスニング 4つのポイント

アクティブ・リスニングを効果的に実践するには、大きく分けて4つのポイントがあります。

1 ボディ・ランゲージ（表情・アイコンタクト・姿勢）

2 無条件の受容精神（興味・態度・信頼・分離）

3 反映力（反復・言い換え・明確化・要約）

4 コミュニケーションのバリケードに気をつける

①ボディ・ランゲージ

アクティブ・リスニングにおいて、言葉以外のボディ・ランゲージや態度を通じて、相手への興味を示し、話しやすい状態をつくりだすことは非常に大切です。実際にボディ・ランゲージが人間同士のコミュニケーションの55%を占めているといわれています［＊27］。

相手への興味や関心を示すために、ボディ・ランゲージにおけるSOLER原則［＊28］という基本動作を覚えておくと役に立ちます。

S＝Square（真っ正面）：相手の正面に座る
O＝Open（オープンな姿勢）：足や腕を組んだり、手遊びをしたりしない
L＝Lean（もたれる）：相手に体を傾ける
E＝Eye contact（アイコンタクト）：相手と目を合わせる
R＝Relax（リラックス）：ソワソワせずに、落ち着きを保つ

②無条件の受容精神

アクティブ・リスニングではボディ・ランゲージで話し手が話しやすい状況をつくりだすほか、**心から相手の話を聞き、無条件に受け止める**という心構えも非常に重要な役割を果たします。この「受容精神」なしには、アクティブ・リスニングは成立しません［＊25］。

子どもの話に心から興味をもつ

できるだけ手を止めて、子どもの話を聞く時間を設ける。

子どもの気もちを真摯に受け止める

たとえささいなことでも、あるいはいかに自分の意見と違っていたとしても、子どもの気もちを無碍《むげ》にしない。

子どもを信頼する

子どもが苦しい思いをしていたとしても、本人が自分の力で問題解決ができると信じる。

子どもを一人の個人として、自分と切り離して考える

子どもも、自分の考えや気もちをもつ個人であり、自分の分身や所有物ではないということを理解する。

③反映力

反映力とは、**話し手の気もちや問題を反復・要約しながら、いかに相手の話を同じ温度で理解してあげているかを確認するプロセス**を指します。

この際に、聞き手である親や大人は話し手の子どもに対して自分の意見や評価を伝えたり、アドバイスや激励をしたりはしません［＊26］。

話し手の言葉を繰り返す（反復）、別の言葉で言い直す（言い換え）、明確にするために質問する（明確化）、また簡潔に話の要点を聞き手の言葉でまとめる（要約）ことで、話し手と聞き手の理解が一致しているかをたしかめます。また反映をすることで、信頼関係が生まれ、子どもの考えを引きだしやすくなります。

④コミュニケーションのバリケードに気をつける

アクティブ・リスニングをするときに、普段くせでしてしまっている反応をできるだけ回避することが必要になってきます。ほかのシチュエーションではたとえ適切な反応だとしても、アクティブ・リスニングにおいては、「コミュニケーションのバリケード」と呼ばれます［*25］。

ジャッジしない

大人の価値観と照らし合わせて批判したり、ネガティブなレッテルを貼ったりすると、目の前にいる子どもの本質を見ること、子どもの気もちや問題に寄り添うことが難しくなります。

解決してあげようとしない

命令したり、勝手にアドバイスをしたりすると、子どもが自分で解決をするチャンスを奪ってしまいます。

また、「あなたは一人でできないからこうしなさい、私がやってあげる」というように、子どもに対する信頼の欠如として受け取られるリスクがあります。

話をそらさない

正論攻めにする、あるいは「たいしたことはない」として気もちを最小限に扱うことは、子どもがオープンに話す機会を奪うだけでなく、抱えている問題や心配が取るに足りないと一蹴するのと同じことです。

アクティブ・リスニングでは正論よりも真摯に傾聴することこそが大事なのです。

03 実際にアクティブ・リスニングをやってみよう

多くの大人は子どもの話を聞くときに、「コミュニケーションのバリケード」を使ってしまっています。次の例をご覧ください。

落ち込んでいる子どもとの会話例（幼児〜小学校低学年）

子どもが学校から帰ってきて、肩を落としているとします。そんなときにどんな会話をするでしょうか。

子　チカちゃんが今日一緒に遊んでくれなかった。

親　明日もう一回、一緒に遊ぼうって言ってみたら？　言葉で言わないとわからないよ。（**勝手にアドバイス**）

子　でももうチカちゃんと遊ぶのいやだ。

親　そんなことでいちいち、いやだと思っても仕方ないよ。（**ジャッジ**）きっと疲れているだけだから、明日になったらそんなふうに思わないから大丈夫。（**話をそらす**）

子　幼稚園もう行きたくない！

アクティブ・リスニングを使った場合、コミュニケーションの内容は少し変わってきます。

子　チカちゃんが今日一緒に遊んでくれなかった。

親　チカちゃんと一緒に遊べなかったんだね。（**反復**）がっかりした気もちになっちゃったかな。（**明確化**）

子　そう。

親　もう一緒に遊びたくない！

チカちゃんはもう友達じゃない！

そっか。

チカちゃんとお友達でいたくないって感じてるんだね。（言い換え）

子　でも、チカちゃんこの前「一緒におままごとしよう」って言ってた。

親　そっか。

こないだチカちゃんが「一緒におままごとしよう」って誘ってくれたんだね。

（反復）

子　うん。

チカちゃんおままごと好きなの。

でも、いっつもチカちゃんがお母さんで、私はお母さんになれないの。

親　なるほど。

いつもチカちゃんだけしかお母さん役になれないのか。（言い換え）

チカちゃんと遊んでいるときに、あなたも本当はお母さんの役をやってみたいんだね。（要約）

子　たまに私もお母さんになれるけどね。
チカちゃん、優しいときもあるの。

親　そっか。
そういうときのチカちゃんと一緒にいると楽しいかな？（明確化）

子　うん！
明日、「私がお母さん役やりたい」って言ってみようかな。

落ち込んでいる子どもとの会話例（小学校高学年〜中学生）

もう一つの会話例を見てみましょう。
子どもが学校から家に帰ってきて、明らかにイラついているとします。

子　今日ごはん食べない。

親　何でごはんいらないの？
せっかくつくったのに！（批判）

子　お菓子ばっかり食べているからおなかすかないんでしょ。（正論）
親　食べる気にならないんだからしょうがないじゃん。
子　あとでおなかすくから、少しでも食べなさい。（命令）
親　いらないってば！　しつこい！
子　何でそういうことしか言えないの！（批判）

アクティブ・リスニングを使った場合、コミュニケーションの内容は少し変わってきます。

子　今日ごはん食べない。
親　そうか。
　　今日はごはんを食べたくないのね。（反復）
子　ストレスすぎて食べる気にならない。
親　何かいやなことがあったのかな？（明確化）
子　バスケでレギュラーから落とされた。

親 そうだったんだ。

子 レギュラーに入れなかったんだ。(反復)
コーチにもすごい怒られて、本当に最悪。

親 そっか。
コーチに怒られたら、きっと気分が落ち込んじゃうよね。(言い換え)

子 全然見ていないのに、勝手に怒ってきてすごくいやだ。

親 「きちんと評価してもらえていない」って感じているってことかな？(明確化)

子 そう。
ちゃんとこっちはやっているのに怒鳴られるの。

親 きちんとやっているのに、怒ってきたのか。(反復)

子 レギュラー入りについても、コーチにどうやって話したらいいのかもわからないし。

親 コミュニケーションにズレがあるように感じていることも問題なのかな。レギュラーに入れなかったことについても、本当はコーチとちゃんと話せたらいいなって思っているのね。(要約)

子　やっぱりレギュラーに入れないのも悔しいし。

親　そうだよね。悔しいよね。（反復）

子　できるかわからないけれど、明日とりあえず一回コーチと話してみるわ。

もちろん現実はこんなにシンプルに進むわけではありませんが、どちらのシナリオでもアクティブ・リスニングを使った場合とそうでない場合において、会話の質に明らかな差があります。

「コミュニケーションのバリケード」がたくさん使用されている場合、子どもの悩みや気もちは配慮されていません。子どもの悲しい、がっかりしたという気もちが認識されていないばかりか、問題も解決しません。

一方でアクティブ・リスニングを取り入れた会話では、反復・言い換え・明確化・要約をしながら、子どもの目線で考えているのがわかります。**受け入れてもらったと感じた子どもは、心を閉ざすことなく、親と気もちや問題を共有しやすくなっている**

のが見てとれます。

このようにアクティブ・リスニングはただ黙って受動的に聞くのとは大きく異なります。子どもの問題を一方的に解決してあげるのとも違います。

大人の価値観や判断というフィルターを通さずに、子どもの世界に寄り添い、心から子どもの話に耳を傾けるのがアクティブ・リスニングです。こうすることで最終的に子どもが自分の力で考え、解決できるようになるのです。

04 子どもとぶつかる7つの習慣

子どもとずっと対話を続けていきたい、よい関係を築きたいというのは親の願いでしょう。

選択理論心理学［＊29］によると、行動の選択肢のひとつとして、〝**人間関係を良好にする習慣**〟と〝**人間関係を破壊する習慣**〟**がそれぞれ7つある**とされています。選択理論心理学とは、すべての行動やそこから生じる「幸福」とは、自らの選択によるものであり、自分自身の思考や行為次第で良好な人間関係が築けると考えるものです。

この理論は子どもとの関係にもあてはまります。

ではまず、どういった行動が子どもとの関係悪化につながるのでしょうか。7つの習慣のいくつかはアクティブ・リスニングの際の「コミュニケーションのバリケード」にも含まれています。

①批判する

子どもの行動に対してネガティブに欠点や間違いを指摘する

「だから言ったでしょ！」

「何度言ったらわかるの」

「赤ちゃんじゃないんだから」

②責める

物事がうまくいかなかったときに相手の責任にする

「あなたのせいで遅れたじゃない」

「どうして先に言わなかったの！」

「気をつけないから机が汚れたでしょ！」

③ 文句を言う

がっかりしたことや不満を口にする

「うるさい」

「全然ダメ」

「早くしてよ」

④ 脅す

罰をエサに恐怖心を植え付ける

「泣きやまないなら、置いていくからね」

「ママの言うこと聞かないならもう一緒に遊ばないよ」

「テストでいい点とれないなら、友達連れてきちゃダメだからね」

⑤ 罰する

物を取り上げたり、愛情を引っ込めたりする

・おもちゃを取り上げる

・小遣いを減らす
・叩く、無視する

⑥目先の褒美で行動をコントロールする

大人の都合のよいときだけ、ほめたり、物を与えたりする
「よい子にしてたらお菓子あげるね」
「歯を上手に磨けたらシールあげるね」
「今日は言うことを聞いたから、おもちゃを買ってあげるよ」

⑦がみがみ小言を言う

同じことをしつこく言い、説教を続ける
「ちゃんと聞いているの？」
「本当にわかっているの？」
「何度言ったらわかるの？」

「子どもをコントロールしない」原則に立ち返る

たとえば、子どもがお茶をこぼしたり、ごはんをこぼしたりしたときについ「ああ、またやった！　そうやっていつもこぼす！　どうして両手でもたなかったの！」（**文句を言う・批判する・責める**）と叱ってしまうことはありませんか。

こんなふうに言ってしまうこともあるかもしれません。

「次こぼしたらデザートあげないからね」（**脅す**）

「次上手にできたらシールあげるよ」（**褒美**）

「今度はこぼさないでよ。ねえ、聞いているの？　ちゃんと両手でもちなさいって言ったでしょ」（**がみがみ小言**）

このように日常の一場面でも「子どもとぶつかる7つの習慣」を知らず知らずに実践していることに気づかされます。

ぶつかる習慣の共通点は、子どもを外側から大人の都合のよいようにコントロールしようとしているところにあります。子どもだけなく、職場の同僚や上司、夫婦や恋人、友達など、大人に対してもこの習慣を実践していないか、振り返ってみるとハッとすることがあるはずです。

このような態度を取られ続けたら、楽しさや喜びを共有したいと思える相手でなくなってしまうのは当然です。

05 子どもとつながる7つの習慣

「ぶつかる7つの習慣」が人間関係悪化の原因であるのと対照的に、「つながる7つの習慣」は関係改善の解決策といえます。

① 応援する

子どもが何かを達成できるようにサポートをする

「今回は残念だったね。次はどうしたらもっとよくなるか一緒に考えてみようか!」

② 励ます

失敗したときや落ち込んでいるときに勇気づける

「逆上がりがうまくできなかったんだね。毎日コツコツがんばっているから、いまはできなくても、きっとできるときがくると思うよ！」

③傾聴する（アクティブ・リスニング）

子どもの気もち、声によく耳を傾ける

・ボディ・ランゲージ
・受け止める
・反映する

④信頼する

偏見をもたずに子どもの力を信じて待ってみる

・子どもが一人でできることには手助けをせず待ってみる
・子どもが苦戦しているときも、まずは見守ってみる

⑤尊重する

一人の個人として子どもを敬う

・子どもも大人と同じ権利をもった一人の人間であることを認める

・子どもの存在の尊さを大切にし、上下関係を強要しない

⑥違いを話し合う

意見や価値観の違いが生じたときも歩み寄る努力をする

・どちらが正しいかを決める取引ではない

・大人の意見や結論を押し付けない

⑦受け入れる

子どものありのままを認める

・子どもの意見を一蹴せずに、気もちが理解できるようにまずは耳を傾ける

・子どもの行動の善しあしにかかわらず、ありのままを受け入れる

「つながる習慣」で劇的に変わる

先ほどと同じシナリオで、たとえば子どもがお茶をこぼしたときに、「つながる習慣」を適応するとどうなるでしょう。

「気をつけていてもこぼしてしまうこともあるよね」（受け入れる）
「どうやったらこぼさないようにできるか一緒に考えてみようか」（応援する）
「そっか。カップが濡れていたから手が滑ったのね！」（傾聴する）
「そうか。パパみたいに片手でもちたかったのか」（受け入れる）
「床に飲み物がこぼれると家族の誰かが滑ってケガする可能性があるね。ママは片手でもつときはカップが濡れていないか確認するけど、あなたはどうしたい？」（違いを話し合う）

このようにぶつかる習慣とは対照的に、つながる習慣を実践すると驚くほど違う関係性が生まれます。

「ぶつかる7つの習慣」がくせになってしまっている場合、「つながる7つの習慣」に行動を変えるのは容易ではありません。

しかし、子どもとよりよい関係を築くために、そして子どもとあなた自身の幸福度を上げるためにも「つながる7つの習慣」を意識して日常のコミュニケーションに取り入れてみてください。

子どもと「つながる習慣」と「ぶつかる習慣」

つながる7つの習慣	ぶつかる7つの習慣
応援する supporting	批判する criticizing
励ます encouraging	責める blaming
傾聴する listening	文句を言う complaining
信頼する trusting	脅す threatening
尊重する respecting	罰する punishing
違いを話し合う negotiating differences	目先の褒美で 行動をコントロールする bribing
受け入れる accepting	がみがみ小言を言う nagging

第5章

MONTESSORI
REGGIO EMILIA
OXFORD

こんなとき、どうすればいい？ Q&A

Q1 年齢別に対応を変えるべき？

年齢ごとに叱り方・ほめ方を変えたほうがよいのでしょうか？
うちの子はまだ2歳なので、言葉で説明しても伝わりません。それでも、叱るときに理由を添える必要があるのでしょうか？

A

2歳といっても、2歳になりたてなのか、あるいはもうすぐ3歳なのかで、状況は変わってきます。しかし、一般的に3歳になるまでに、子どもたちは少しずつ、物事にはつながり（ロジック）があることを理解し始めます。

また、21カ月の幼い子どもも、自身のしゃべり言葉（発語）が確立するよりも前に、ある程度の複雑な文章構造（日本語の3語文に相当）を理解できることが明らかになっています［＊30］。

理解できることは多くなってきているとはいえ、2歳児の相手の立場に立って考える機能はまだ未熟です。また、自立を試したい願望が非常に強いため、自分の思いどおりにならないときに癇癪を起こすことが多いのも、この時期の特徴です。

そして多くの2歳児はしゃべり言葉がまだ発達中であるため、感じている気もちを大人のように上手に表現する術ももち合わせていません。

みなさんにおそらく経験があるように、癇癪中は理由を説明しても、子どもは不満や怒りのピークにあるため、効き目はありません。アクティブ・リスニングの受容精神と反映力を思いだし、**まずは子どもの気もちを受け止める大きな皿になりましょう。**

「そうだよね。あのブルーのパジャマが着たいんだよね」。

子どもが落ち着いたらもう一度簡潔に理由説明をしましょう。「ブルーのは洗濯中で着られないね。乾いたら着ようね！」。そしてルールに一貫性を持ち（今日と明日で違うことを言わない)、できるだけ言ったことを守るようにしましょう。たとえば、ブルーのパジャマが乾いたら、着たいかどうか提案してみてください。大人の言葉が行動と一致すれば、子どもも家のルールをより早く理解するようになります。

ほめ方について、**幼い子どもには簡潔な説明を心がける以外は、年齢によって(3~12歳くらいまで)声かけのポイントを変える必要はありません。**

14カ月から26カ月の幼い子どもだとしても、親が「人中心ほめ」より多く「プロセス中心ほめ」をした場合、数年後にグロースマインドセット(自分の成長は努力や工夫で変えられるという考え方)をもつ傾向にあるということがわかっています[*31]。

つまり、小さい頃から「いい子ね」「賢いね」という言葉よりも、「最後までできたね」「あきらめないでがんばったね」という言葉を聞いているほうが、のちにチャレンジ意欲やモチベーションが高い子どもになる確率が上がるのです。

POINT

3～12歳まで、叱り方・ほめ方を変える必要はありません。
ただし、その年齢の子どもが理解できる言葉づかい、説明を心がけましょう。

Q2

厳しく叱らないと言うことを聞きません。

うちの子はわんぱくなので、厳しく叱らないと言うことを聞いてくれません。
どの親も「まわりに迷惑をかけちゃいけない」という気もちがあって叱っている。子どもを尊重するのにも限界があって、本書の教育法を実践するのは難しいのではないでしょうか？

A

たしかに厳しく叱らないといけないときはありますよね。規範（例：食事中のマナー）を教えたり、子ども自身の安全（例：道路に飛び出す）やまわりの安全（例：友達を傷つける）、環境へのいたわり（例：物を壊す）に関わるようなときには、注意を促す必要はあります。

「子どもを尊重する」というのは好き放題にやらせ、まったく叱らないということで

はありません。

いわゆる放置型の「消極・受け身タイプの子育て（permissive parenting）」は、子どもの共感力（人の気もちに寄り添える力）が低下し、結果的に反社会的行動（他者への攻撃的な行動）につながる可能性が高くなります［＊32］。

日本の例でいうと、特に父親がこの消極・受け身アプローチをとった場合、子どもの精神衛生に悪影響（うつや不安症など）があることが明らかになっています［＊33］。

厳しく叱るときがあってももちろんいいんです。問題は叱ること自体ではなく、大人の子どもに対する期待と叱り方です。

叱る前に、自分の期待が子どもの発達にふさわしいものか？　大人にとって不都合だから叱っていないか？を一度問い直してみましょう。

子どもがぐずぐずしていると感じてしまうのはなぜなのか？

大人と同じペースで動くように子どもに無理な期待をしていませんか？

時間に余裕をもつのは簡単なことではありませんが、子どもが準備に必要な時間をつくってみましょう。子どもがもっと遊びたいとぐずるとイライラしてしまうのはなぜなのか。すぐに気もちを切り替えるべきだと、成熟した大人と同じような期待を子どもにしていませんか？　公園に行く前に子どもに理由を説明したり、選択肢を与えたり、子どもにとっての心的なサプライズがないように、準備をしておきましょう。

時間がないときは焦り、時間どおりに行動できないときはイライラしますよね。買い物中に癇癪を起されたらまわりの目も気になりますし、迷惑がかかると思い、困ってしまいますよね。泣き叫ぶ我が子を抱きかかえて、その場を去らなければならないときもあるでしょう。

しかし、原則的にこういう状況でも叱り方は変わりません。子どもの気もちをいったん受け止めたうえで、プロセス中心に声をかける、あるいは「わたしメッセージ」（103ページ）を使い、理由を説明してください。

子どもを一人の人格者として尊重し、自分で考えられるよう無干渉もしくは過保護にならずに根気よくサポートするのが「無条件の接し方」です。大人が決めた行為の「善悪」にかかわらず、愛情を注ぎ見守るのが「無条件の接し方」です。

子どもに対して怒る自分の理由がどこから来ているか、世間体なのか、あるいは本当に子どものためを思ってなのかを一度立ち止まって考えてみることが大切でしょう。

POINT

社会のルールや子ども自身の安全、まわりの安全に関わるようなとき、厳しく叱ることは大切です。でも、そうでないときも大人の都合で叱っていませんか？　子どもにイライラするとき、一度立ち止まって、考えてみましょう。

Q3 「ゲームは1日30分」を守らせるには？

幼稚園児の息子に「ゲームは30分だけね」と約束しても30分で終わることがありません。ゲームを取り上げると怒り狂うので、つい延長させてしまう。これにはどんな悪影響がありますか？
また、どうすれば、30分でやめさせることができますか？

A

幼い子どもの過剰なスクリーンタイム（一般的に一日2時間以上）が発達上に悪影響（肥満、睡眠問題、自己規制力の低下、学習能力や集中力・記憶力の低下など）を及ぼす可能性があることはよく知られています。

ただし、ソーシャルメディアやテレビにＹｏｕＴｕｂｅと、テクノロジーはもはや私たちの生活の一部であり、完全に切り離すことはできません。バランスのとれた食生活を子どもに教えることが大切なように、うまくテクノロジーと付き合っていくことを教えていくのも子育てにおいて必要なことです。

子どもの感情にふたをする（黙らせる、怒りをしずめるなど）ためにゲーム時間を延長をする行為は、**「消極的・受け身タイプの子育て」**にあたります。**必要な制限を設けることなく、子どもの怒りに任せた要求をのむことは、「よきリーダー」としての役割が果たせていません。**あやふやな態度は子どもにとってもルールの存在自体が不確実なほか、自信に欠けたリーダーシップは子どもに不安感を与えます。

ではどうしたらいいのでしょうか。

まず**理由を説明しましょう。**ジャンクフードを食べ続けることが健康に弊害を及ぼすのと同じように、スクリーンを過剰に見続けることは体に悪影響があるということを具体的な例を用いて子どもと一緒に話してみてください。

「ゲームをずっとし続けて眠れないときがあったよね」
「テレビをずっと見たあとに、不機嫌になってしまったときがあったよね」
「それは、体に悪い食べ物を食べ続けているのと同じなの」

次に**子どもと一緒にルールを決めましょう。**

おもしろいことに、スクリーンタイムを終わらせようとするときに、「あと5分ね」という注意喚起をしたときのほうが、子どもが癇癪を起こす頻度が高くなることがわかっています[＊34]。

これを踏まえ、たとえば「あと30分」という時間制限よりも（子どもがそれを提案すればもちろん話は別です）、区切りがよいところで終わらせたり、ごはんができたら、などという制限を決めたほうが移行はスムーズにいきます。

移動中や食事の準備をしているとき、スクリーンタイムが救世主になるときもあると思います。また一緒に映画を見たり、一緒にゲームで遊んだり、家族のエンターテインメントのツールとして、スクリーンタイム自体にもよい点があります。

テレビやゲームの時間が過剰になって外で遊ぶなどの体を動かす時間に大きく侵食したり、子どもの怒りをしずめるための「感情のおしゃぶり」にならない限り、スクリーンタイムを「悪」ととらえる必要はありません。

ゲームをやらせるから「ダメな親」「手抜きな親」ということはありません。罪悪感を覚える必要もないので、肩の力を抜いてみてください。

POINT

なぜ30分なのか理由を説明し、子どもと一緒にルールを決めましょう。
テレビやゲームは必ずしも「悪」ではありません。肩の力を抜いて考えてくださいね。

Q4 祖父母による甘やかし。どう対応すればいい？

親の私たちはほめ方に気をつけています。ただ、祖父母や親戚、近所の大人たちなどがうちの子を「賢い子だね」「美人だね」などとよくほめてくれます。これもやめてもらったほうがいいのでしょうか。また、つい親が「そんな賢くないですよ〜！」と子どもの前で謙遜するのもよくないのでしょうか？

A

自分の親や義父母の子どもに対する接し方にイライラしたことがある人は多いと思います。育児のお手伝いなどでお世話になっている場合もあるでしょうし、孫のためによかれと思ってやってくれているために文句も言いづらいということもあるでしょう。

あまり日常で関わらない親戚や近所の大人の「人中心ほめ」に気をもむ必要はありません。ただし、**長時間一緒に時間を過ごすようなら、声かけだけでなく食生活など、自分たちのやり方と親や義父母の子どもとの接し方のバランスをとることは重要になってきます。**

たとえば、祖父母と質の高い時間を多く過ごした子どもは、お年寄りに対してポジティブなイメージをもつようになるというメリットがある一方［＊35］、両親が共働きなどで祖父母に面倒を見られている子どもたちは肥満になる確率が1.6倍高くなることが日本での研究でわかっています［＊36］。

祖父母がご機嫌とりのために孫に頻繁にお菓子を与えるといった行動もよくみられ［＊37］、こういったいわゆる「甘やかし」が子どもたちの健康に悪影響をもたらす可能性があるのです。

「わたしメッセージ」（103ページ）は子どもだけでなく、大人とのコミュニケーションにも使えるツールです。親や義父母に対して、自分の子どもを愛してくれている感謝を伝えたうえで、自分たちの気もちややり方を、理由を交えて具体的に伝えるような話し合いの場をもってみてください。

親世代の期待や子育てに対する意見にも傾聴（アクティブ・リスニング）したうえで、**誰のための子育てなのかということをテーマに、「ありがとう」の気もちをもちながら交渉してみましょう。**

日本には謙遜や謙虚さを美徳とする文化があります。子どもや家族がほめられたときに、「そんなことはないですよ」と否定した、あるいは否定された経験がある方も多いと思います。

子どもは6歳くらいになると少しずつ現実と空想の違いを理解し始めますが、10歳くらいになるまで皮肉などの言葉の裏にある意図までは理解できないほか、こういった発言を意地悪ととらえる傾向があることがわかっています［＊38］。つまり、本音と建前の区別がつかず、発言を文字どおりに受け取り、解釈します。

このため、**親が世間体を気にしたり、謙遜として「いやいや、賢くないですよ」と何気なく言ったとしても、親に直接否定されていると感じてしまうのです。**大好きな人に否定されたら、たとえ謙遜であったとしても子どもだけでなく大人でも傷ついてしまいますよね。誰かに子どもをほめられたら素直に「ありがとうございます」と受け取ってみてください。

POINT

日常的に過ごす大人（祖父母など）とは、子どもへの接し方を相談し、理解してもらいましょう。10歳くらいまでは謙遜や建前が理解できません。子どもがほめられたら、「ありがとうございます」と受け取りましょう。

Q5 子どもの偏食、どうすればいい？

もうすぐ3歳になる子どもが偏食でなかなかごはんを食べません。つい褒美や罰にお菓子を使って、野菜を食べさせようとしてしまいます。

これは子どもに悪影響ですか？　どうしたらよいですか？

A

子どもの偏食に悩まされる方は多いと思います。19〜24カ月の子どもの偏食率は50%にのぼるといわれています［＊39］。

どんなに細かく野菜を切って、普段食べるおかずになんとか仕込んでも、子どもはまるで名探偵のように嫌いなものを見つけだします。時間をかけて試行錯誤してつくったのに、毎回「いらない」と言われたらやはりイライラしたり、落胆したりしますよね。

子どもに栄養をとらせようと、「あと2口ブロッコリーを食べたらクッキー食べていいよ」とつい言ってしまう方も多いと思います。しかし、この**食べ物を褒美と罰に使ってしまうことにはさまざまな悪影響があります。**

まず、**食べ物に順位をつけることになります。**「ブロッコリーを食べないとお菓子は食べてはいけない」というのは、とりすぎには注意したい「お菓子がごほうび」で、栄養価として体には大切な「野菜が罰」というメッセージを子どもに与えているのです。さらに、お菓子を褒美として与えることで、子どもは虫歯や肥満の原因になるこれらの食べ物をより求めるようになってしまいます。

長期的な研究によると、「良い子にしていたらあとでクッキーをあげるよ」と言われて育った子どもは、大人になったときにどか食いをしたり、無理なダイエットをしたりする傾向にあることもわかっています［＊40］。

つまり、食べ物を褒美や罰として使うことで、子どものためと思っていたとしても、健康的な食生活からますます離れてしまうばかりか、結局子どもの行動をコントロールしていることには変わりはないのです。

もちろん苦労しているみなさんはいろいろな方法をすでに試していると思いますが、子どもの食事に褒美と罰を使わないようにするにはどうしたらよいでしょうか。

第一に、**野菜を食べないことでパニックになる必要はありません。**野菜以外にも豆やフルーツなど、ほかの食材で足りないビタミンは補うことができます。食事を提供するときに、食材に順位をつけずに同じように盛り付けてみましょう。大人は子どもにこれだけ食べなさいと強要することはできません。食べる量は子どもに任せてみましょう。

第二に、**特に幼い子どもは新しい食べ物**（食感や見た目の違い）**に抵抗を示すことがよく知られています。**ここで食事を用意する側の忍耐が試されます。3歳くらいまでの幼児であれば5～10回、3～4歳の子どもであれば15回くらい新しい食材を繰り返し紹介することで、子どもが食べる確率が高くなることがわかっています［＊41］。

第三に**食材の買い物に行くときや料理のときにできるだけ子どもを巻き込んでみま**

しょう。買い物も料理も小さな子どもと一緒だと余計に時間がかかりますし、より負担は増えるとは思います。ただ、小さい子どもでも食材をかごにいれたり、あるいはレタスを手でちぎったりと、できることはたくさんあります。そして子どもも自分が関わったほうがより食べることに興味が増す可能性は高まります。

もちろんこれらの提案は魔法ではありません。苦労は尽きないと思いますが、子どもたちに長い目で健康的な食生活を身につけてもらうためにも、できるだけ褒美と罰をふだんのごはんの時間から取り除いてみてください。

POINT

食べ物を褒美と罰に使うことは悪影響があります。①無理に食べさせようとせず、②一度食べなかった食材も食卓に何度も登場させ、③一緒に買い物に行ったり料理したりしてみましょう。

Q6 もう中一の子ども。今さら効果ある？

子どもがもう中学1年生なのですが、今までガミガミ叱ってきたのに、今さらほめ方・叱り方を変えて、効果があるのでしょうか？

A

すぐに効果があるかはわかりません。ただ、**ほめ方・叱り方を変えるということは、いままで自分が抱いてきた子どもに対するイメージに向き合う、そして成長し続ける子どもに対するイメージを根本的に改める貴重な機会です。**

いままでなぜガミガミ叱ってきたのでしょうか？　怒ってきた理由は、自分が勝手に子どもにもつイメージに子どもの行動がそぐわなかったからでしょうか？　それで大きな効果はありましたか？　ガミガミ叱っては後悔・反省するというサイクルを繰り返し、自分自身に嫌気がさしたことはありませんか？

3〜12歳の子どもは対応を変える必要はないと書きましたが（164ページ）、中学生の子どもは、心身ともにニーズがまったく異なります。思春期は、「イヤイヤ期」の再来とも呼ばれ、感情の起伏が激しくなるほか、親の提案や家族のルールに対して疑問をもったり、自立を求めて反発をします。また親よりも友達からの影響が大きいのも思春期の特徴です。自分とまわりを比べるようになり、クラス内での自分の人気度を過度に気にしたりと、友好関係に非常に敏感です。

たとえば、親が「子どもは何歳になっても親の言うことを聞くべき」というイメージをもち続けていたとすると、当然、親から離れようとする思春期の子どもの行動との間にギャップが生まれてしまいます。

思春期の発達上の特徴を念頭に置いたうえで、もう一度自分が子どもに対して無理な期待をしていないかを見直してみましょう。

そして、いままで叱ることを中心に子どもと接してきたのであれば、まず**子どもの話を聞くところから始めてみましょう。**叱る前に、子どもがどうしてその行動に至ったのかを考えたこと、あるいはどう感じているのかを直接子どもに聞いてみたことはありますか？

もちろん、思春期の子どもにたくさんの質問をしすぎれば、プライバシーを侵害されていると思われ、余計に心を閉ざしてしまうかもしれません。アクティブ・リスニングを心がけて子どもの話・気もちにできるだけ耳を傾けてください。どんなことにフラストレーションを感じているのか、何を汲みとってほしいと本当は感じているのか？

ほめ方については、思春期の子どもたちには声かけを少し変える必要がある場合もあります。というのも、大人から努力をほめられたときに、思春期の子どもたちはその誠実さを疑う傾向にあるほか、努力をしても結果が伴わなかったときに、子どもによっては自己否定に走りやすいため、プロセス中心ほめが逆効果になる可能性もあるからです［＊42］。

アクティブ・リスニングで子どもの気もちを受け入れつつ、具体的なフィードバックを与えることで励したり、間違ったときは道しるべを示しましょう。

体もだいぶ大きくなってきているでしょうし、精神的に大人として扱われることを強固に要求するのが思春期の子どもですが、この時期もどんと構えるよきリーダーとしての親が必要なことには変わりありません。どんな状況でも子どもを愛しているというメッセージを伝えながら見守ってあげましょう。

POINT

ほめ方・叱り方を変えるのは、自分の子どものイメージを見直すチャンスです。
思春期の子どもの特性を意識し、アクティブ・リスニングを前提に関わっていきましょう。

無理しない子育てを！

現代の親、特に母親にとって、社会が期待する「完璧な母親像」というのは大きなプレッシャーです。

母乳をあげるべき、料理をするべき、キャラ弁をつくるべき、送り迎えをするべき、手づくりするべき、家事をするべき、家族の面倒を見るべき、家にいるべき、産休をとるべきと、例をあげればきりがありません。

この「母親は〜しなければいけない」という無言の社会的プレッシャーは、母親の罪悪感や劣等感、ストレス増加、そして極度の疲労に大きく関係しています［＊43］。

これは多大な期待をされている場合、人は失敗やミスに対する恐怖心に煽られ、不安に感じることが多くなるからです［＊44］。

「理想の母親像」のプレッシャーと罪悪感

「理想の母親像」のような社会的規範は守れば守るほど社会的に認知され、逆に逆らえば逆らうほど社会的に批判されるという構造があります。当然、いわゆる「理想の母親像」に到達していないと自分で感じている場合、罪悪感を覚えるでしょう。

そして同僚や家族などの周囲から心ない声をかけられるたびに、自分は理想からほど遠いダメな母親なんだという思いが強まってしまいます。

残念ながら、「ふつう」に「みんなと同じ」ようにふるまうべきだという考え方は、自己の社会におけるアイデンティティを保つために日本では根強く残っています。言うまでもなく、もうすでに十分がんばっているお母さんたちにとって、この「理想像」のようにというのは苦しいものなのです。

親自身が幸せであることが大切

異国文化間の交流や人材の流通が盛んになり、日本も集団主義から、自分のゴール・思考・感情を主体とする個人主義に徐々に移行しつつあります［＊45］。個性や多様性を尊重する考え方が受け入れられつつある一方で、「理想の母親像」などといった社会的規範も根強く残っているのも日本の現状です。さらに多くの日本人が、個人主義は人間関係を壊す可能性があるという見方をしているのも事実であり、個人尊重と社会的規範の間に摩擦が生じているのです［＊45］。

もちろん、「こうであるべき」という同調圧力は母親に大きなストレスを生みだします。そして子どもに対するイメージが大人の感情や行動の根源であると同様、自分自身が抱く「親に対するイメージ（見方）」も自分への感情に大きな影響を与えます。

つまり、「母親はこうあるべき」という社会の親に対するイメージを自分自身が信じれば信じるほど、そうでない自分とのギャップに苦しんでしまうことになります。

たとえば、「母親は子どもと一緒の時間を過ごすべき」というイメージが自分の中で強ければ強いほど、一緒の時間を過ごせない自分に苛立ちや焦りを覚えるでしょう。

実際に仕事と子育ての両立で焦ったり罪悪感を感じたり、あるいはストレスを感じている母親と一緒に時間を過ごすほうが、子どもの心にネガティブな影響があることがわかっています［＊43］。つまり、**母親自身の心の満足度が高い状態であることが非常に大切だということです。**

親自身が幸せであれば、子どもに与えられることも増えるでしょう。「完璧でなくもいい」「お惣菜をうまく使って料理をするのもあり（手づくりでなくてもよい）」「失敗をすることもある」と自身が抱く親に対するイメージを変えるように意識してみれば、自分にもっと優しくできるかもしれません。

そもそも全力でがんばっているのですから、「手抜き」なわけはないのです。そして一人でがんばる必要もないのです！

時間の長さよりも質

実際に、子どもとゆっくり一緒の時間が過ごせていないと罪悪感を覚えたことはありますか?

母親との時間が将来のために不可欠であるとの社会的な思い込みも災いして、子どもに対して後ろめたい、申し訳ないという気もちをもっているお母さんは多いものです。実際、共働きの場合、父親に比べて母親のほうが圧倒的に自分の仕事が家庭や子どもに与える影響について罪悪感を覚える確率が高いことも明らかになっています[*46]。親が子どもと一緒に時間を過ごすことは親子関係にとってもちろん大事ですが、じつは時間の長さよりも質のほうが大事であることがわかっています。

3~11歳の子どもたちが両親と過ごす時間の長さは子どもの行動、感情の発達、学習力に大きな影響がない一方[*47]、一緒に過ごす時間が短くとも質の高いアクティビティ(会話のやりとりをする、本を一緒に読む、スポーツや工作をするなど)を一緒にした場合、子どもたちの社会性や自己肯定感、さらに忍耐力がより高くなることがわかっています［＊48］。

逆に一緒に過ごす時間が長かったとしても、テレビをただ見る、あるいはダラダラとただ一緒に過ごした場合、子どもたちの社会性や自己肯定感が伸びないなど、成長にネガティブな影響を及ぼす可能性がより高いことも明らかになっています［＊48］。

つまり、**一緒に過ごす時間の長さよりも、いかに質の高い時間を確保し、中身のある時間を一緒に過ごすかということが大事なのです。**

親も人間。全部完璧にやろうとしなくていい

新しい命を授かり、親になるということは尊い奇跡であり、人生においての大きなイベントです。子どもをもつことでいままでに経験したことのない喜びや幸せを経験するとともに、子育てのイライラや不安を感じるのも現実でしょう。

仕事との両立、経済的問題、社会制度の欠落など、みんなにいろいろな事情があります。完璧な親なんてものも存在しません。

親も人間です。一人の人間だった個人が、子どもという命に恵まれた結果、「親」になっただけで、一晩でいままでの価値観や考え方、欠点や習慣がドラマチックに変わるわけはありません。感情に振り回されるときもあるでしょう。子どもへの気もちが自分の心の余裕によって変わってしまうのも現実でしょう。

本書で「ほめる」「叱る」などコミュニケーションにおいてさまざまなポイントを紹介してきました。誰のための子育てなのかを考え、大人の都合を押し付けずに子どもと接することはとても大切です。

ただ、全部やろうとしなくてよいのです。親自身の中に湧きでる感情を押し殺して仏のように子どもの行動を受け入れる、あるいは受け入れるふりをする必要はありません。毎回、毎秒、無条件な子育てができる人なんていません。たまに人中心に子どもをおおげさにほめたり、イライラして叱ったところで、子どもがダメになるわけではないので安心してください。

子育てに絶対の正解はありません。本書も一学者が好きで熱中して研究した内容を読者のみなさんと共有させてもらったに過ぎません。少しでもみなさんの気づきに貢献できたなら、考えるきっかけになれたならそれで十分です。

罪悪感を覚えたり、ダメだったと一日の終わりに反省することは人間誰でもあると思います。反省・成長を繰り返しながら、自分にできることをできる範囲でやる、ふに落ちたことをやってみる、そして我が子をたくさん愛してあげる、そんなリアルな子育てでいいのだと私は思います。

２０２０年春　島村華子

1 Assor, A., Roth, G., & Deci, E. L. (2004). The emotional costs of parents' conditional regard: A Self-Determination Theory analysis. Journal of personality, 72(1), 47-88.

2 Kohn, A. (2006). Unconditional parenting: Moving from rewards and punishments to love and reason. Simon and Schuster.

3 Eanes, R. (2015, September 25).Does positive parenting reward misbehavior? [Blog post]. Retrieved from https://www.rebeccaeanes.com/does-positive-parenting-reward-misbehavior/

4 Schimel, J., Arndt, J., Pyszczynski, T., & Greenberg, J. (2001). Being accepted for who we are: evidence that social validation of the intrinsic self reduces general defensiveness. Journal of personality and social psychology, 80(1), 35-52.

5 Martalock, P. L. "What is a wheel?" The Image of the Child: Traditional, Project Approach, and Reggio Emilia Perspectives. Dimensions of Early Childhood, 40 (3): 3-12.

6 Jirout, J. J., & Newcombe, N. S. (2015). Building blocks for developing spatial skills: Evidence from a large, representative US sample. Psychological science, 26(3), 302-310.

7 Li, R. Y. H., & Wong, W. I. (2016). Gender-typed play and social abilities in boys and girls: Are they related?. Sex Roles, 74(9-10), 399-410.

8 Ferguson, E. D., Hagaman, J., Grice, J. W., & Peng, K. (2006). From leadership to parenthood: The applicability of leadership styles to parenting styles. Group Dynamics: Theory, Research, and Practice, 10(1), 43-56.

9 Kanouse, D. E., Gumpert, P., & Canavan-Gumpert, D. (1981). The semantics of praise. New directions in attribution research, 3, 97-115.

10 Kohn, A. (1999). Punished by Rewards: The Trouble with Gold Stars, Incentive Plans, A's, Praise, and Other Bribes. Houghton Mifflin Harcourt.

11 Mueller, C. M., & Dweck, C. S. (1998). Praise for intelligence can undermine children's motivation and performance. Journal of personality and social psychology, 75(1), 33.

12 Dweck, C. S. (2008). Mindset: The new psychology of success. Random House Digital, Inc..

13 Hattie, J., & Timperley, H. (2007). The power of feedback. Review of educational research, 77(1), 81-112.

14 Ryan, R. M., & Deci, E. L. (2000). Self-determination theory and the facilitation of intrinsic motivation, social development, and well-being. American psychologist, 55(1), 68-78.

15 Henderlong, J., & Lepper, M. R. (2002). The effects of praise on children's intrinsic motivation: A review and synthesis. Psychological bulletin, 128(5), 774-795.

16 Lee, H. I., Kim, Y. H., Kesebir, P., & Han, D. E. (2017). Understanding when parental praise leads to optimal child outcomes: Role of perceived praise accuracy. Social Psychological and Personality Science, 8(6), 679-688.

17 Stormshak, E. A., Bierman, K. L., McMahon, R. J., & Lengua, L. J. (2000). Parenting practices and child disruptive behavior problems in early elementary school. Journal of clinical child psychology, 29(1), 17-29.

18 Madden, V., Domoney, J., Aumayer, K., Sethna, V., Iles, J., Hubbard, I., ... & Ramchandani, P. (2015). Intergenerational transmission of parenting: Findings from a UK longitudinal study. The European Journal of Public Health, 25(6), 1030-1035.

19 Brummelman, E., Nelemans, S. A., Thomaes, S., & Orobio de Castro, B. (2017). When parents' praise inflates, children's self-esteem deflates. Child development, 88(6), 1799-1809.

20 Siegel, D. J., & Bryson, T. P. (2019). The yes brain: How to cultivate courage, curiosity, and resilience in your child. Bantam.

21 Newberg, A., & Waldman, M. R. (2013). Words can change your brain: 12 conversation strategies to build trust, resolve conflict, and increase intimacy. Penguin.

22 Kamins, M. L., & Dweck, C. S. (1999). Person versus process praise and criticism: Implications for contingent self-worth and coping. Developmental psychology, 35(3), 835-847.

23 Hoffman, M. L. (2001). Empathy and moral development: Implications for caring and justice. Cambridge University Press.

24 Choe, D. E., Olson, S. L., & Sameroff, A. J. (2013). The interplay of externalizing problems and physical and inductive discipline during childhood. Developmental psychology, 49(11), 2029.

25 Gordon, T. (2008). Parent effectiveness training: The proven program for raising responsible children. Harmony.

26 Robertson, K. (2005). Active listening: more than just paying attention. Australian family physician, 34(12), 1053-1055.

27 Mehrabian, A. (1971). Silent messages (Vol. 8). Belmont, CA: Wadsworth.

28 Egan, G. (1998). The skilled helper: a problem-management approach t helping. London: Brooks Cole.

29 Glasser, W. (1999). Choice theory: A new psychology of personal freedom HarperPerennial.

42 Amemiya, J., & Wang, M. T. (2018). Why effort praise can backfire in adolescence. Child Development Perspectives, 12(3), 199-203.

43 Meeussen, L., & Van Laar, C. (2018). Feeling pressure to be a perfect mother relates to parental burnout and career ambitions. Frontiers in psychology, 9, 2113.

44 Elison J., Partridge J. A. (2012). Relationships between shame-coping, fear of failure, and perfectionism in college athletes. J. Sports Behav. 35 19-39.

45 Ogihara, Y. (2017). Temporal changes in individualism and their ramificatio in Japan: Rising individualism and conflicts with persisting Frontiers in psychology, 8, 695.

46 Borelli, J. L., Nelson, S. K., River, L. M., Birken, S. A., & Moss-Racus Gender differences in work-family guilt in parents of young Roles, 76(5-6), 356-368.

47 Milkie, M. A., Nomaguchi, K. M., & Denny, K. E. (2015). Does of time mothers spend with children or adolescents matter? Marriage and Family, 77(2), 355-372.

48 Hsin, A., & Felfe, C. (2014). When does time matter? Maternal em children's time with parents, and child development. Demogra 1867-1894.

30 Noble, C. H., Rowland, C. F., & Pine, J. M. (2011). Comprehension of argument structure and semantic roles: Evidence from English-learning children and the forced-choice pointing paradigm. Cognitive science, 35(5), 963-982.

31 Gunderson, E. A., Gripshover, S. J., Romero, C., Dweck, C. S., Goldin-Meadow, S., & Levine, S. C. (2013). Parent praise to 1-to 3-year-olds predicts children's motivational frameworks 5 years later. Child development, 84(5), 1526-1541.

32 Beck, J. E., & Shaw, D. S. (2005). The influence of perinatal complications and environmental adversity on boys' antisocial behavior. Journal of Child Psychology and Psychiatry,46(1), 35-46

33 Uji, M., Sakamoto, A., Adachi, K., & Kitamura, T. (2014). The impact of authoritative, authoritarian, and permissive parenting styles on children's later mental health in Japan: Focusing on parent and child gender. Journal of Child and Family Studies, 23(2), 293-302.

34 Hiniker, A., Suh, H., Cao, S., & Kientz, J. A. (2016, May). Screen time tantrums: how families manage screen media experiences for toddlers and preschoolers. In Proceedings of the 2016 CHI Conference on Human Factors in Computing Systems (pp. 648-660). ACM.

35 Flamion, A., Missotten, P., Marquet, M., & Adam, S. (2019). Impact of contact with grandparents on children's and adolescents' views on the elderly. Child development, 90(4), 1155-1169.

36 Watanabe, E., Lee, J. S., & Kawakubo, K. (2011). Associations of maternal employment and three-generation families with pre-school children's overweight and obesity in Japan. International journal of obesity, 35(7), 945-952.

37 Jingxiong, J., Rosenqvist, U., Huishan, W., Greiner, T., Guangli, L., & Sarkadi, A. (2007). Influence of grandparents on eating behaviors of young children in Chinese three-generation families. Appetite, 48(3), 377-383.

38 Glenwright, M., & Pexman, P. M. (2010). Development of children's ability to distinguish sarcasm and verbal irony. Journal of Child Language, 37(2), 429-451.

39 Carruth, B. R., Ziegler, P. J., Gordon, A., & Barr, S. I. (2004). Prevalence of picky eaters among infants and toddlers and their caregivers' decisions about offering a new food. Journal of the American Dietetic Association, 104, 57-64.

40 Puhl, R. M., & Schwartz, M. B. (2003). If you are good you can have a cookie: How memories of childhood food rules link to adult eating behaviors. Eating Behaviors, 4(3), 283-293.

Maier, A., Chabanet, C., Schaal, B.

モンテッソーリ教育・レッジョ・エミリア教育を知り尽くした
オックスフォード児童発達学博士が語る

自分でできる子に育つ ほめ方 叱り方

発行日　2020年 4 月20日　第 1 刷
　　　　2024年12月 5 日　第29刷

Author　島村華子
Illustrator　亀山鶴子
Book Designer　西垂水敦・市川さつき(krran)

Publication　株式会社ディスカヴァー・トゥエンティワン
〒102-0093　東京都千代田区平河町2-16-1 平河町森タワー11F
TEL　03-3237-8321(代表) 03-3237-8345(営業)
FAX　03-3237-8323
http://www.d21.co.jp

Publisher　谷口奈緒美
Editor　大竹朝子

Store Sales Company
佐藤昌幸　蛯原昇　古矢薫　磯部隆　北野風生　松ノ下直輝　山田諭志
鈴木雄大　小山怜那　町田加奈子

Online Store Company
飯田智樹　庄司知世　杉田彰子　森谷真一　青木翔平　阿知波淳平　井筒浩
大﨑双葉　近江花渚　副島杏南　徳間凜太郎　廣内悠理　三輪真也　八木眸
古川菜津子　斎藤悠人　高原未来子　千葉潤子　藤井多穂子　金野美穂
松浦麻恵

Publishing Company
大山聡子　大竹朝子　藤田浩芳　三谷祐一　千葉正幸　中島俊平　伊東佑真
榎本明日香　大田原恵美　小石亜季　舘瑞恵　西川なつか　野﨑竜海
野中保奈美　野村美空　橋本莉奈　林秀樹　原典宏　牧野類　村尾純司
元木優子　安永姫菜　浅野目七重　厚見アレックス太郎　神日登美　小林亜由美
陳玟萱　波塚みなみ　林佳菜

Digital Solution Company
小野航平　馮東平　宇賀神実　津野主揮　林秀規

Headquarters
川島理　小関勝則　大星多聞　田中亜紀　山中麻吏　井上竜之介　奥田千晶
小田木もも　佐藤淳基　福永友紀　俵敬子　池田望　石橋佐知子　伊藤香
伊藤由美　鈴木洋子　福田章平　藤井かおり　丸山香織

Proofreader　文字工房燦光
DTP　株式会社RUHIA
Printing　中央精版印刷株式会社

ISBN978-4-7993-2599-5